LES HOMMES

DU

SECOND EMPIRE

E. C. GRENVILLE-MURRAY

LES HOMMES DU SECOND EMPIRE

SILHOUETTES CONTEMPORAINES

Ouvrage traduit de l'anglais, avec l'autorisation de l'auteur

PAR AUGUSTE DAPPLES

« . . . . . Componitur orbis
Regis ad exemplum ; nec sit inflectere sensus
Humanos edicta valent quam vita regentis. »

CLAUDIANUS.

PARIS
SANDOZ ET FISCHBACHER, ÉDITEURS
33, RUE DE SEINE ET RUE DES SAINTS-PÈRES, 33

1873

DÉDICACE DE L'AUTEUR

En 1789, par le plus grand effort que présente l'histoire de l'humanité, la nation française se lève tout entière pour secouer les abus de quinze siècles d'oppression; — vingt ans plus tard, le premier Bonaparte confisque à son profit toutes les libertés conquises par la révolution et se fait appeler un homme providentiel.

En 1830, la nation française se lève une seconde fois pour achever la grande œuvre commencée; — vingt ans plus tard se présente le second Bonaparte, autre homme providentiel, qui perpètre une nouvelle confiscation, tout en prenant le monde à témoin qu'il est venu sauver la société.

Les glorieux résultats du règne de Bonaparte Ier peuvent se résumer en deux lignes :

« *Un million de Français morts, deux invasions, trois provinces perdues, deux milliards ajoutés à la dette nationale.* »

Le legs de Bonaparte II est tout aussi digne de considération :

« *Deux provinces perdues, une invasion, une insurrection communiste et la dette nationale augmentée de douze milliards.* »

Les mathématiciens pourront calculer dans combien de temps ces deux empires providentiels auront mis la France dans l'incapacité de satisfaire à ses obligations. Quant aux simples spéculateurs, ils se contenteront de chercher jusqu'à quel point ces pertes sont compensées par l'établissement d'une demi-douzaine de boulevards et par la construction du nouvel opéra de M. Garnier.

A tous ceux qui arriveront à balancer leur bilan par un verdict en faveur du césarisme, ce petit livre est respectueusement dédié

AVANT-PROPOS

Les esquisses qui composent ce petit livre ont paru pour la première fois, dans la *Pall-Mall-Gazette*, pendant la dernière période du second empire. Simples silhouettes d'un passant, elles n'ont pas la prétention de pénétrer dans le grave domaine de l'histoire, ni même dans celui plus modeste de la biographie. Aussi bien, en les offrant aujourd'hui au bienveillant accueil des lecteurs de langue française, ne les donnons-nous que pour ce qu'elles veulent être : impressions, boutades, études d'après nature. Peut-être, cependant, nous saura-t-on quelque gré de faire connaître aux premiers intéressés ce que pense d'eux un observateur étranger qui les a longtemps vus à l'œuvre. Peut-être aussi découvrira-t-on, sous la moqueuse ironie de l'humoriste, mainte vérité qu'il convenait de dire ou qu'il n'était pas inutile d'entendre.

La mort de Napoléon III, loin de décourager le parti bonapartiste, semble lui inspirer une ardeur nouvelle. Devant la propagande passionnée des hommes et des journaux dévoués au régime impérial, ces tableaux du temps passé retrouveront, avec leur raison d'être, quelque actualité. Chez les Bonaparte, — la France ne l'a pas encore oublié, — si les hommes changent, la tradition reste.

Lausanne, le 15 janvier 1873.

AUGUSTE DAPPLES.

I

L'HOMME DU DEUX DÉCEMBRE.

Jusqu'au matin du 3 décembre 1851, les Parisiens n'avaient pas tenu en très-haute estime le président de la République. Ce jour-là, cependant, l'idée leur vint que cet homme dont ils faisaient si peu de cas pourrait bien être un caractère, et leur estime pour lui s'accrut considérablement dès qu'il fut constaté que le *coup d'État* n'avait pas été une simple fusillade de rue, mais qu'on en avait profité pour jeter en prison tous les grands hommes du pays.

On raconte que certain monarque persan, de bonne composition, pensa gagner l'affection de ses sujets en inaugurant son règne par des actes de clémence. Mais le résultat de cette tactique ne fut pas tout à fait ce qu'il en attendait, car, au lieu de s'entendre appeler « Lumière du monde », « Fils aîné d'Allah », et autres épithètes consacrées par la flatterie orientale, il ne tarda pas à s'apercevoir que ses sujets parlaient de lui avec un remarquable sans-gêne, pour ne pas dire avec un mépris mal dissimulé, et que sa personne était l'objet de plaisanteries d'un goût plus que douteux. Ce que voyant, il alla trouver un sien ami et lui demanda conseil.

« Je pense, répondit l'ami qui était un garçon d'esprit et qui avait son idée sur la manière de gouverner les peuples, je pense que tu t'y es pris par le mauvais bout et que le mieux serait de commencer par l'autre. »

Le monarque eut quelque peine à adopter ce point de vue ; cependant il consentit à essayer du second procédé et donna l'ordre de faire incontinent flageller quelques citoyens de Téhéran. Cette mesure eut les plus heureux résultats. Le peuple témoigna dès lors à son roi la considération qui lui était due. N'avait-il pas prouvé qu'il comprenait et savait pratiquer les devoirs imposés par sa haute position? — Ceci bien établi, prince et peuple s'entendirent à merveille.

Si, changeant de scène, on transporte cette anecdote à Paris, elle devient l'histoire passablement exacte de la présidence du prince Bonaparte; avec cette différence pourtant que le prince, au lieu d'aller chercher conseil auprès d'un ami, devina lui-même avec une surprenante facilité ce qu'il fallait faire pour se rendre populaire.

La race des rois fainéants n'a jamais eu de succès en France, et, par *roi fainéant*, un Français entend d'ordinaire tout monarque qui oublie d'ajouter une cravache à son sceptre. Louis-Philippe, par exemple, fut un roi fainéant. L'histoire rapporte qu'il perdit son trône pour s'être opposé aux banquets réformistes; mais il aurait pu s'y opposer vingt fois et envoyer à Cayenne MM. Odilon Barrot et Thiers, leurs instigateurs, qu'il n'aurait rien perdu de sa popularité, s'il s'y fût pris de la bonne manière. Par malheur, Louis-Philippe eut le tort de s'imaginer que les demi-mesures pouvaient réussir en France. Il ne connaissait pas ses sujets. Ferme, paisible, humain, honnête homme dans sa vie privée, il avait une foule d'excellentes qualités. Il était digne, affable, plein de verve, mais il avait gardé des goûts, des habitudes exotiques, et ses opinions s'étaient moulées sur les idées anglaises. Il croyait son peuple bien préparé pour le régime parlementaire. Durant son règne, il ne put jamais se résoudre à lire les journaux français, qu'il trouvait insipides et frivoles. Tout ce qu'il savait des affaires de son royaume lui venait du *Times* et du *Morning Chronicle* dont sa sœur, Mme Adélaïde, lui faisait chaque soir la lecture. C'est ainsi qu'il finit par se persuader que le gouvernement constitutionnel avait pris racine en sol gaulois et que, quel que fût le sort réservé à ses ministres par les hasards de la vie parlementaire, son trône était à l'abri de tout danger. Aussi, lorsque survint l'agitation des banquets réformistes, il ne sut y voir qu'un incident analogue aux troubles qui avaient précédé, en Angleterre, l'établissement des lois sur le blé. « Tout s'arrange avec un changement de ministère, » disait-il, et quand les membres de sa famille, le prince de Joinville surtout, l'engageaient à dissoudre son cabinet, il répondait invariablement : « Rien ne presse, vous verrez que l'affaire se fera d'elle-même. »

Le matin du 23 février, il se refusait encore à admettre la possibilité d'une révolution. Le 24, il s'échappait des Tuileries avec sa famille et montait dans le premier fiacre qu'il rencontra sur le quai. Personne en France ne fut plus étonné que lui-même du tour pris par les événements.

En arrivant au pouvoir, le prince Louis Bonaparte se faisait de ses compatriotes une idée plus juste que Louis-Philippe. Habile, instruit, connaissant la vie, et plus libéral que les libéraux ne l'ont voulu croire, il n'eût pas demandé mieux que de voir la France libre comme les États-Unis, pour peu qu'elle consentît à faire de lui son Washington.

Mais, quelque désir qu'il pût avoir de réaliser ce rêve de ses heures d'oisiveté, il n'avait pas été dix jours président de la République que déjà il voyait l'impossibilité de concilier la liberté avec son ambition personnelle. Du 24 février 1848 au 2 décembre 1851, la France posséda deux catégories d'habitants :

1° Ceux qui, désirant une place, n'en avaient point ;

2° Ceux qui, ayant une place, en voulaient une meilleure.

Chaque citoyen songeait à se faire nommer député, chaque député se voyait ministre, chaque ministre visait à la présidence. Tous les discours prononcés sur la liberté, l'égalité et la fraternité ne servaient qu'à rendre un peu moins bruyant l'égoïsme universel. On n'eût pas trouvé douze républicains d'accord sur les bases essentielles d'une saine république ; on n'eût pas rencontré un président qui ne fût prêt à tenter un coup d'État, trois mois après son élection. Au fond, il s'agissait simplement de savoir qui serait le maître de Napoléon ou de Cavaignac, de Cavaignac ou de quelque autre, Blanqui ou Barbès, peut-être, qui auraient rétabli la guillotine et ruiné la France en six semaines. A ce moment, les Français ne pouvaient se passer d'un maître ; ils n'avaient aucune expérience de la liberté. Aussi longtemps que dura le gouvernement provisoire, leur principal divertissement fut de s'appeler « citoyens, » de planter des « arbres de la liberté » qu'ils faisaient bénir par le clergé, de se promener en procession dans les rues à la suite de quelque patriote fraîchement sorti de prison, de faire des démonstrations bruyantes en faveur de la Pologne, de se réunir vingt mille pour signer quelque absurde pétition à la Chambre et de s'occuper à une foule d'autres choses, toutes faites pour arrêter les affaires publiques et pour exaspérer les timides. A l'Assemblée, au milieu de quelque important débat sur une question de premier intérêt pour le pays, un député échevelé se levait tout à coup et, rappelant que c'était le jour anniversaire de la naissance d'Anacharsis Klootz ou de quelque autre grand citoyen de la première République, demandait qu'on suspendît la séance par respect pour sa mémoire.

Un autre député, non moins échevelé, appuyait cette proposition, et l'Assemblée s'ajournait en l'honneur d'Anacharsis Klootz. Le lendemain, une députation d'étudiants et d'artistes se présentait, conduite par M. Gérome (le grand peintre, aujourd'hui officier de la Légion d'honneur, etc.)

et réclamait l'abolition du mariage. Tout cela s'accomplissait avec cette solennité, cette gravité complaisante que mettent volontiers les hommes aux sottises qu'ils font. Ces naïfs croyaient de bonne foi préparer par ces extravagances le développement de leurs libertés politiques.

Dans un pareil état de choses, deux voies s'ouvraient devant Louis-Napoléon : ou bien réprimer les excès du moment et préparer graduellement le peuple à la liberté, ou bien profiter de ces folies pour tenter un coup de force et pour se hisser sur le trône. Les philosophes prétendent qu'il aurait dû prendre la première; le fait est qu'il préféra la seconde. Nul ne saura jamais à quel moment précis Louis-Napoléon conçut l'idée de devenir empereur, mais il faut avouer que si, comme le disent ses ennemis, il préparait le coup d'État dès le jour de son élection à la présidence, il sut mettre un art infini à cacher sa pensée et à tromper les curiosités. A peine si quelqu'un à Paris l'aurait cru capable de tenter pareille aventure. On le faisait quelque peu stupide. Ses yeux baissés, ses manières silencieuses, son étourderie apparente, tout favorisait la supposition. Il était moins haï que méprisé. Lorsqu'en mai 1848, trois départements l'avaient élu député à l'Assemblée législative, il fut proposé d'invalider son élection pour tenir compte du bannissement prononcé contre lui et sa famille par l'acte de 1832. Mais il trouva des défenseurs en la personne de deux orateurs qui, depuis lors, n'ont pas souvent mis leur éloquence à son service : MM. Louis Blanc et Jules Favre. Tous deux parlèrent énergiquement en faveur de la validation ; le premier ajouta ces mots : « Ne grandissez pas les prétendants par l'éloignement. Il nous convient de les voir de près, parce qu'alors nous les mesurerons mieux. La République est comme le soleil ! Laissez Louis Bonaparte s'approcher du soleil de notre République ; je suis sûr qu'il disparaîtra dans ses rayons. »

Ces paroles exprimaient le sentiment général du pays. La France ne pouvait rien avoir à craindre du ridicule héros de Strasbourg et de Boulogne. Comme chacun sait, le prince n'avait été élu que par des paysans imbéciles, dont la plupart croyaient voter pour le grand Napoléon échappé par miracle de Sainte-Hélène. Les classes instruites et tous les hommes de talent avaient donné leurs suffrages à Cavaignac, Ledru-Rollin, Lamartine. Paris ignorait Napoléon, et durant sa présidence il n'eut de partisans déclarés que les quelques hommes sans fortune qui étaient ses amis personnels.

Faut-il s'étonner si, dans ces circonstances, les Parisiens dormaient sur les deux oreilles dans la nuit du 1er décembre 1851, très-convaincus qu'ils étaient des hommes libres et qu'il y aurait imprudence grave à se moquer d'eux?

Faut-il davantage s'étonner si, le matin du 2 décembre, ils se regardèrent « honteux comme des renards qu'une poule aurait pris », et se portèrent en foule à l'Élysée-Bonaparte pour saluer le soleil levant?

II

LE SÉNATEUR IMPÉRIAL.

M. de Parachute est l'un des plus fermes soutiens de la dynastie impériale. Il était pair de France avant d'être sénateur, et il avait juré fidélité éternelle à Louis-Philippe. M. de Parachute est un homme grand, un peu maigre et remarquablement impassible. Il déjeunait chez Tortoni quand éclata la révolution de 1830, et il ne fit que prononcer ces mots : « Diable, voilà un roi qui s'en va! » Le 24 février, il était occupé à se raser lorsqu'il apprit les grandes nouvelles du jour. « Tiens, celui-là aussi! » dit-il simplement. Enfin, au moment où on vint lui annoncer le coup d'État du 2 décembre, il quitta des yeux la lettre qu'il écrivait et, regardant son valet de chambre : « Bon, encore attrapés! » s'écria-t-il, puis il se remit à écrire. M. de Parachute fait partie de la première série de sénateurs créés après la constitution de 1852. Son nom figure en tête de la liste : Jean-Jacques Parachute. Je ne suis pas très-sûr qu'il y ait *de* Parachute, mais en tous cas l'omission de la particule ne peut provenir que d'un oubli, car la noblesse des Parachute date du temps de... de saint Louis. Elle subsiste depuis le jour où le fameux Jehan, sire de Framboisy, partit pour les croisades escorté par un Parachute. Pour lui rendre justice, il faut dire que M. de Parachute ne se montre pas particulièrement fier du croisé son ancêtre. Il préfère se vanter d'avoir atteint sa haute position par ses seules forces, exploit qu'il compare modestement à l'ascension d'un mât de cocagne. Il est vrai qu'il met sa couronne de comte sur sa vaisselle, sur son argenterie, sur ses équipages et sur ses mouchoirs de poche, mais tout cela à cause de Madame, dit-il, qui trouve le titre de comtesse de Parachute d'un beaucoup meilleur effet que Mme Parachute tout court. Personne n'a été très-étonné en voyant M. de Parachute nommé sénateur, lui probablement moins que personne. Non qu'il ait jamais rien fait pour attirer l'attention publique sur lui — M. de Parachute déteste l'attention publique, — mais, sans lui, le sénat n'eût pas été complet. Il est un de ces hommes que les gouvernements successifs se transmettent pour en former leurs chambres hautes, et qui, vêtus de blanc, de bleu ou de rouge, ont également grand air et sont également utiles. L'absence de M. de Parachute dans les listes du sénat eût été presque un scandale. Le public aurait voulu savoir la raison de cette absence; M. de Parachute aurait probablement raconté qu'il avait refusé la place de sénateur, et chacun de juger défavorablement un chef d'État assez léger pour ne pas s'assurer le concours d'un personnage aussi distingué que M. de Parachute. Car enfin il est incontestablement un personnage distingué, ce M. de Parachute; il est de ces êtres qui sortent on ne sait d'où et croissent comme des champignons.

Demandez à n'importe qui pourquoi et en vertu de quels services rendus M. de Parachute est grand'croix de la Légion d'honneur avec une pension de 20,000 francs et sénateur avec un traitement de 30,000 francs, en tout 50,000 francs par an, votre interlocuteur se mettra probablement à rire. Ce qui n'empêchera pas ce même interlocuteur d'accorder toute son estime à M. de Parachute, de même que M. de Parachute ne lui refusera la sienne dans aucune circonstance. Le secret des succès de M. de Parachute semble en effet résider dans cette particularité qu'il ne s'est jamais pris de querelle avec personne. Nul ne l'entendit dire du mal de son prochain; nul ne le vit exprimer quelque surprise, quelque angoisse, quelque indignation. Les criminels et les coquins n'existent pas pour lui; à ses yeux, les hommes se divisent en deux classes : ceux qui ont de la chance et ceux qui n'en ont pas. Il a pour les premiers une amicale admiration, pour les seconds un doux sourire de compassion. On raconte à son sujet une anecdote que j'ai tout lieu de croire exacte. On dit que, se trouvant à Toulon, l'idée lui vint d'aller visiter le bagne des forçats. Sa bienveillance et sa courtoisie charmèrent tous les pensionnaires de cet établissement qui, à dîner, l'entouraient pour l'entendre causer. Le directeur voulut lui montrer toutes les célébrités de l'endroit. A chaque nom prononcé, M. de Parachute portait poliment sa main gantée à son chapeau, et ne semblait pas le moins du monde affecté d'apprendre que « ces messieurs », comme il les appelait, eussent assassiné leurs voisins, ou émis de la fausse monnaie, ou commis quelque autre de ces petits méfaits que la société a la cruauté de désapprouver. En dernier lieu, son regard tomba sur un jeune homme aux traits remarquablement beaux.

« Mon Dieu! voyez ce cher enfant, » s'écria-t-il en s'approchant de lui, le lorgnon à l'œil. Il apprit que ce « cher enfant » s'était attiré des désagréments pour avoir volé son maître et l'avoir ensuite jeté par la fenêtre. M. de Parachute eut un sourire de pitié.

« Mon Dieu! Pauvre ami, murmura-t-il, quel dommage! Pourquoi ne vous y êtes-vous pas pris autrement? »

M. de Parachute est idolâtré des femmes; il n'y pas jusqu'à la sienne qui ne dise du bien de lui. Il faut le voir, pendant les réceptions du soir aux Tuileries ou à l'Hôtel de ville, entouré d'un cercle de jolies femmes, toutes plongeant leurs doigts mignons dans la « bonbonnière » qu'il tire de son frac galonné d'or. Les plus zélées sont celles dont la réputation n'est pas sans quelques nuages. Elles lui racontent tout bas leur secret (M. de Parachute est le plus discret des sénateurs), et, après vingt mots tombés de la bouche de leur aimable confesseur, elles s'en vont plus réconfortées que par vingt sermons du père Hyacinthe ou du père Bauer.

Mais s'il est beau à contempler chez d'autres, que n'est-il pas chez lui, quand il reçoit dans son délicieux hôtel de la rue Royale? Remarquez la situation. Ce n'est ni le faubourg Saint-Germain, ni la Chaussée-d'Antin; mais c'est entre les deux, et dans le quartier le plus fashionable de la ville. Le nom de rue Royale attire les légitimistes, le voisinage de la Madeleine séduit le clergé, la proximité du Corps législatif encourage les libéraux, tandis que celle de la rue du Faubourg-Saint-Honoré n'est pas sans influence sur bon nombre d'ambassadeurs étrangers et d'attachés qu'on rencontre dans ses salons. M. de Parachute possède incontestablement la maison la mieux hantée de Paris. Elle est le lieu de rendez-vous des impérialistes, des bourbonniens, des orléanistes, des républicains, qui ont tous à part eux l'idée que M. de Parachute est secrètement un des leurs. Le fait est que M. de Parachute entretient cette idée-là avec un savoir-faire merveilleux. Sitôt qu'il entrevoit une duchesse du faubourg Saint-Germain faisant son entrée dans ses salons, M. de Parachute s'élance vers elle, lui saisit la main et la porte à ses lèvres avant qu'elle ait eu le temps de se retourner.

« Mon Dieu, madame, » soupire-t-il doucement, « quelles mauvaises nouvelles nous arrivent de Frohsdorf! M. le comte de Chambord a un rhume de cerveau.

— Hélas! » répond la duchesse en lui jetant un regard encourageant; et, le jour suivant, elle annonce à un ami qu'à la prochaine restauration M. de Parachute sera le premier à offrir ses hommages à la fleur-de-lis, chose du reste extrêmement probable.

Avec les orléanistes, M. de Parachute n'est pas moins aimable.

« Ah ! s'écrie-t-il en entraînant M. de Rémusat ou M. Saint-Marc Girardin dans un coin du salon, quelles bonnes nouvelles, mon cher monsieur ! Madame la comtesse de Paris vient d'accoucher d'un fils ! » Puis, baissant la voix et un doigt sur ses lèvres, il ajoute :

« L'espoir de la France ! »

De sorte que les orléanistes peuvent, à l'occasion, compter sur M. de Parachute.

Aux républicains il parle moins explicitement, mais non moins aimablement.

« Et ce pauvre cher Rochefort? Pourquoi ne revient-il pas? dit-il ; quand nous donnera-t-il encore quelques-uns de ses charmants articles du *Figaro ?* » et, à la plus grande surprise du républicain, il ajoute gaiement : « Je viens de lire le dernier numéro de la *Lanterne*, c'est délicieux. »

Les journaux ne disent jamais de mal de M. de Parachute. La surface de sa vie est polie comme une lame d'acier, une balle rebondirait sur cette cuirasse ou partirait par la tangente. Une seule fois, un journal comique s'avisa de publier sa caricature et lui en fit demander la permission, comme l'exige la loi sur la matière. La réponse de M. de Parachute eût désarmé un ennemi.

« Faites-moi aussi laid que vous voudrez, disait-il, vous ne me ferez jamais aussi laid que je suis. »

L'artiste se prit à sourire, mais il était mal à l'aise, et la caricature ne fut pas publiée.

M. de Parachute — je devrais dire le comte de Parachute, puisque ainsi le veut Madame — M. le comte de Parachute passe pour un homme heureux et il le serait sans doute, n'étaient ses devoirs politiques, éternel tourment de sa vie. Si, savourant un vin de Tokay à un dîner de ministère, il lui arrive de songer au vote qu'il devra émettre le lendemain, sa gaieté s'enfuit, le tokay prend un arrière-goût singulièrement amer, le bruit des fourchettes agit désagréablement sur ses nerfs, le murmure des conversations l'inquiète comme un glas et lui rappelle cet autre murmure des séances et des débats parlementaires. Pour tout dire, le sénat a un certain pouvoir nominal qui nécessite des débats occasionnels. Aux termes de la constitution de 1852, le sénat est censé se composer de toutes les illustrations du pays : maréchaux, amiraux et cardinaux en sont membres de droit ; les autres sénateurs sont choisis par l'empereur. D'abord, de 1852 à 1867, les devoirs du sénat se bornaient à veiller à ce qu'aucune loi contraire à la constitution ne fût édictée ; œuvre facile, quand on se souvient que toutes les lois sont préparées par le conseil d'État sur l'initiative de la couronne et votées par le Corps législatif après une série de rapports et de contre-rapports qui constituent une puissante sauvegarde contre l'illégalité. En outre, le sénat avait le pouvoir de discuter les pétitions présentées par le public, et de décider — qu'on n'eût pas à en tenir compte. Depuis 1867, cependant, les priviléges sénatoriaux ont été étendus. Les sénateurs ont obtenu le droit de revoir les actes du Corps législatif et d'exiger un second débat sur les articles qu'ils n'approuvent pas. Ils peuvent en outre user avec discrétion de ce droit d'interpellation sagement réglementé qui leur fut concédé avec une si rare générosité. Ce sont ces priviléges qui tourmentent M. de Parachute. D'accord avec la plupart de ses collègues, il ne demande pas mieux que de voter toujours dans le sens du gouvernement, mais, par malheur, des complications surgissent de temps à autre. Un ami vient supplier M. de Parachute de voter avec lui; l'infortuné s'élance vers M. Rouher, lui demandant (c'est la quinzième fois) pourquoi les sénateurs et les députés ne peuvent pas voter au scrutin secret. Heureusement pour M. de Parachute, ses souffrances morales n'ont pas de témoins, car les spectateurs sont soigneusement exclus de l'enceinte du sénat; mais un de ses collègues prétend que, lorsque le débat prend une certaine importance politique, c'est-à-dire lorsque l'Assemblée se croit en droit de se diviser en deux camps d'égale force sans soulever l'indignation du président, notre ami M. de Parachute est hors de lui-même à la pensée qu'il est obligé de voter et que son vote tranchera peut-être la question. Dernièrement, ses anxiétés ont pris une force nouvelle. Il cherche en vain cette douce unanimité d'opinion qui caractérisait les débats du sénat en son âge d'or. Une sorte d'opposition — bien faible, il est vrai, mais déjà redoutable — se constitue sous la direction de MM. Sainte-Beuve et Michel Chevalier (*mars 1869*); M. de Parachute évite naturellement de se mêler à ces gens-là; seulement, chaque jour, quelqu'un d'entre eux abuse de la bonté bien connue de son caractère pour lui proposer de se joindre à leur parti. Situation perplexe! M. de Parachute est obligé de dire « non, » un mot qui convient aussi peu à ses lèvres compatissantes qu'une ride sur son front immobile et uni. Pourquoi faut-il que la vie soit toujours gâtée par des ennuis de toute espèce? — Pauvre M. de Parachute!

III

LE PRÉLAT.

Dans cette vieille cité épiscopale[1] où la Providence, le pape et l'empereur réunis l'ont placé pour être le pasteur de son troupeau, il n'est pas un homme, pas une femme, pas un enfant qui ne connaisse Mgr Jérémie Flambeau, cardinal et archevêque du diocèse. En entrant dans le premier hôtel venu, vous êtes assuré de trouver son portrait suspendu sur la cheminée, ses yeux résolûment fixés sur vous, ses lèvres

1. Le lecteur s'apercevra bien vite qu'il ne peut être ici question de Paris. Un récent et abominable forfait nous oblige à ne pas lui laisser un instant de doute à cet égard.

(*Trad.*)

minces parfaitement closes, et son doigt montrant la porte comme pour rappeler qu'on n'abuse pas impunément de son temps précieux. Tous les magasins de gravures ont ce portrait à leurs vitrines; tous les photographes étalent sa photographie dans les attitudes et dans les costumes les plus divers, depuis l'écarlate éblouissant des jours de cérémonies jusqu'à l'humble soutane que portait autrefois l'abbé Jérémie Flambeau, curé de Saint-Sulpice, à Paris. Personne ne peut donc ignorer un instant l'importance de ce personnage, et il est impossible de passer deux heures en ville sans en être si bien obsédé, que son nom de Flambeau danse devant les yeux, comme cette tache rouge qui traverse la rétine quand on a trop longtemps regardé le soleil. Prenez à droite, prenez à gauche, cinq minutes ne se passeront pas que vous n'entendiez son nom. Il semble hanter l'esprit de ses diocésains. Les hommes parlent de lui avec effroi, les femmes avec admiration; mais enfin on le met en avant à tout propos, dès que l'occasion s'en présente.

Son nom est d'ailleurs fameux bien au delà des limites de son diocèse. Qu'on prenne n'importe quel journal parisien, Mgr Flambeau fait presque toujours le sujet de quelque article. Le *Monde* et l'*Univers* n'ont pas de termes assez expressifs en parlant de lui ; le *Siècle* et la *Liberté* sont à court de mots lorsqu'il s'agit de Son Éminence; seulement les termes des uns et les mots des autres ne sont pas tout à fait de la même catégorie. Les feuilles cléricales parlent de l'archevêque comme d'un saint taillé sur le modèle de saint Augustin ou de saint Laurent; la presse libérale, au contraire, le voue à l'exécration publique, et le traite de fanatique rêvant dans l'ombre le rétablissement de l'Inquisition et la combustion de M. Renan devant le portail de Notre-Dame. Il est difficile de mettre les gens d'accord au sujet de Mgr Flambeau. Cependant on admet généralement qu'il est un saint homme n'aimant pas à être joué et allant droit son chemin. Comme la plupart des prêtres français, il est d'humble naissance. Son père était un petit fermier de Picardie, qui l'envoya à vingt-deux ans dans un séminaire dont il sortit à vingt-cinq, la face d'un bleu effrayant, les jambes mal assurées et la conversation lugubre. On raconte que l'évêque ordinant fut tellement frappé de son air décharné, chétif, et de l'assurance avec laquelle il menaçait des châtiments célestes ceux qui négligent de jeûner, qu'il l'envoya bien loin, dans une petite paroisse maritime, où Jérémie Flambeau eut amplement l'occasion de faire maigre et de voir sa congrégation suivre son exemple. Mais les temps sont bien changés, et aujourd'hui Mgr Flambeau n'a ni une face bleue, ni des jambes vacillantes, ni une conversation particulièrement navrante. Il passe au contraire pour un remarquable causeur, si remarquable qu'il peut faire tout ce qu'il veut d'un homme après une entrevue de vingt minutes. Il y a en lui un mélange de Richelieu, de Bossuet et de Mazarin; la dignité du premier se lie à l'éloquence foudroyante du second et à l'inquiète ambition du troisième.

Il suffit d'être une heure en sa présence pour avoir le vague sentiment que cet homme-là est fait d'une autre étoffe que le commun des mortels. L'expression singulière de son regard attire, fascine, pénètre le pauvre diable étonné et sans force, comme un insecte sous la lentille du microscope. C'est en vain qu'on voudrait le tromper ou discuter avec lui ; il découvrirait le mensonge avant même qu'il fût prononcé et, d'un seul coup de sa redoutable logique, écraserait le plus solide argument ainsi qu'une noisette sous un marteau de forge.

A dire vrai, il ne perd pas son temps à discourir avec le menu fretin. Jamais il ne condescendrait à mettre en déconfiture plus mince personnage qu'un empereur, un sénateur, un ministre, un député influent ou un journaliste en renom. Par contre, il est toujours accessible aux femmes, même aux plus humbles, aux plus laides et aux plus vieilles; une mendiante serait immédiatement reçue chez lui et traitée comme une duchesse. « Honni soit qui mal y pense! » car le cardinal est un homme d'une moralité sans tache, et qui ne voudrait pas, pour tout l'or du Pérou, savoir son nom mêlé à un scandale quelconque. C'est un des secrets de son pouvoir. Il courtise les femmes parce qu'il connaît leur influence, mais il les fait passer par où il lui plaît en les traitant comme des reines. D'ailleurs, il est trop profond connaisseur de la nature humaine pour compromettre son autorité par des hommages d'un caractère équivoque.

En tout ce qui concerne l'observation des règles extérieures de l'Église, il est de la plus grande indulgence : jeûnes, vigiles, messes, communions et pénitences sont choses qu'il recommande dans ses lettres pastorales ; mais il n'a pas plus l'idée d'imposer le jeûne à qui n'en veut pas qu'il n'a la pensée de voler sans avoir d'ailes. En matière de pénitences, Son Éminence est peut-être plus sévère. On raconte même qu'il envoya un jour une belle pécheresse en pèlerinage jusqu'à Rome. Seulement il se trouva que cette dame avait inutilement demandé à son mari de la conduire à Rome pour le carnaval et que, par une bizarre coïncidence, le temps fixé par l'archevêque pour la pénitence se trouva tomber précisément sur la semaine du carnaval. Le pèlerinage se fit en première classe ; la pénitente s'humilia en écoutant la messe à la chapelle Sixtine et personne n'eut à souffrir beaucoup des prescriptions de Son Éminence, sauf pourtant le mari qui en paya les frais.

Tout cela n'empêche pas Son Éminence d'être

un très-formidable prélat et de donner plus de mal au gouvernement impérial que le pape et le collége des cardinaux réunis. Il ne se passe pas de jour que le ministère ne déplore l'heure où l'abbé Jérémie Flambeau fut fait archevêque. Mais qui pouvait prévoir que ce simple prêtre, à l'air si débonnaire, et qui prononçait de si remarquables sermons en faveur de l'entière soumission de l'Église à l'État, deviendrait pareil Tartare, sitôt qu'on lui aurait donné la mitre? La cour impériale avait compté sur Jérémie Flambeau pour être le champion de la politique impériale contre le saint-siége, et pour soulever, aux bons moments, la menaçante question des droits de l'Église gallicane. A cette fin, on le fit archevêque, un beau matin, et on le nomma sénateur avant-même qu'il eût reçu son chapeau de cardinal. Mais, hélas! quelle déception quand on le vit briller pour la première fois de tout son éclat, après cette rapide promotion! Le ministre des cultes en tomba malade. L'empereur lui-même s'enferma un jour durant et se prit à faire d'amères réflexions sur l'astuce des prêtres. L'opposition riait. Les journaux ultramontains jubilaient tout haut. Le cardinal Antonelli se frottait les mains, et Sa Sainteté, qui avait d'abord conçu la plus mauvaise opinion de l'abbé Flambeau, reconnut qu'il valait mieux comme archevêque. Cette découverte le décida à lui envoyer, *primo*, sa bénédiction (par télégraphe) et, *secundo*, le chapeau rouge (par la poste).

Mgr Flambeau sourit légèrement chaque fois qu'un journal officieux lui rappelle avec indignation les opinions qu'il professait avant sa promotion et les compare à ses opinions actuelles. Cependant lesdites feuilles officieuses craignent de l'attaquer trop souvent, car Son Éminence professe toujours un profond attachement pour la dynastie impériale. Il assiste aux levers et sait toujours trouver quelque chose de gracieux ou d'aimable à dire, quand il s'incline devant certaine grande dame qui est l'espoir et le soutien des ultramontains. La cour n'en sent pas moins que la soumission de Mgr Flambeau tient à un fil, et qu'à un moment donné il serait homme à se tourner du côté d'Henri V, du comte de Paris, ou, en tout cas, à passer à l'opposition.

C'est pourquoi les organes gouvernementaux se gardent de commenter les discours subversifs que Son Éminence prononce de temps en temps au sénat. Mieux vaut encore laisser dire le saint homme que le jeter dans les rangs de l'opposition et le voir appuyer la candidature de trois légitimistes dans son département, aux prochaines élections. Il faut avouer pourtant qu'il n'est point agréable du tout pour le ministère de voir Son Éminence se lever, au sénat, et monter à la tribune « pour défendre », dit-il, « l'ordre et la moralité ». Si un ministre libre penseur est assis sur les bancs du gouvernement à ce moment, on le voit invariablement s'éclipser en tapinois; car il sait bien que Mgr Flambeau le compte en tête des fomenteurs de désordre et des fauteurs d'immoralité. L'écrivain libre penseur comme M. Sainte-Beuve, moins susceptible que le ministre voltairien, comme M. Duruy, fait face à l'ennemi et reçoit virilement sa part des coups que Son Éminence distribue aux « misérables hérétiques ». S'il faut en croire le cardinal (c'est-à-dire ce qu'il dit, ce qu'il pense en effet serait peut-être bien différent), les libres penseurs sont la cause de tous les maux qui ont dernièrement assailli le monde, sans en excepter l'épizootie, la surlangue et la maladie des vers à soie. La mort de Maximilien, l'attentat à la vie de l'empereur de Russie par Berezowski, la *Lanterne* de Rochefort et enfin l'abominable rébellion qui chassa la bienheureuse Isabelle du trône d'Espagne, toutes ces malédictions sont dues à la libre pensée; et la seule manière de combattre le mal à l'avenir, est, dit Son Éminence, de mettre l'éducation des enfants entre les seules mains du clergé et de donner à l'Église sa juste part (*lisez :* plus que sa part) dans le gouvernement de l'État.

Les discours du cardinal Flambeau font le désespoir de M. le président, qui se mord les lèvres et paraît horriblement mal à l'aise sur son siége; ils sont aussi l'effroi des Tuileries. La Cour, qui a une sorte de crainte superstitieuse des révolutions, et à qui tous les moyens seraient bons pour les éviter, la Cour se demande avec une anxiété mal dissimulée si les affirmations du cardinal sont fondées, et si l'extension des pouvoirs du clergé servirait peut-être à arrêter ce flot montant du libéralisme et de la libre pensée dont la vague vient lécher déjà les pieds mêmes du trône. De la sorte, Mgr Flambeau qui, dans un pays libre et sous une vieille monarchie, ferait une assez triste figure en se rangeant sous le drapeau ultramontain, devient, sous le système impérial, un homme dangereux, un prélat dont la turbulente intolérance jette une indécision continuelle dans les projets du gouvernement. Quand la couronne consulte ses conseillers les plus sincères, ils lui répondent : Laissez dire Mgr Flambeau, et ne prenez pas garde à lui. Mais il est une autre classe d'hommes d'État qui sont d'un avis tout opposé.

Ils savent que, dans le cas d'une régence (chose qui peut se produire d'un instant à l'autre), Mgr Flambeau jouera un rôle prédominant dans la conduite des affaires et que, de fait, lui et son parti seront au pouvoir. C'est pourquoi, en gens accoutumés à compter avec l'avenir, ils montrent une grande déférence pour le personnage, et prennent soin de rester en bons termes avec lui. — On n'est jamais trop prudent.

IV

LE PRETRE PARISIEN.

L'abbé de Vernis est l'un des vicaires de l'église de Sainte-Amande qui m'avoisine. Chaque matin je le vois passer sous mes fenêtres, allant dire sa messe ; et je suis si profondément impressionné par son attitude pieuse, que j'ai peine à m'empêcher de m'élancer à sa suite pour lui demander sa bénédiction. Il exerce cette même puissance d'attraction sur toutes les dames du quartier. Non pas qu'elles s'élancent à la fenêtre pour le voir passer, elles ne sont jamais levées à dix heures, mais quand il prêche à Sainte-Amande — une fois par trois semaines — elles se pressent en foule autour de la chaire, les oreilles tendues, et ne soufflant mot. La même affluence se produit les vendredis, après dîner, lorsque l'abbé de Vernis est « chez lui », dans son confessionnal. Les coupés sont si nombreux à l'extérieur, qu'ils forment deux files jusqu'au milieu de la rue Royale. C'est là que les belles dames qui s'en vont au Bois s'arrêtent pour se confesser, à moins que la foule ne soit trop grande, auquel cas elles vont au Bois d'abord, puis reviennent se confesser, un instant avant dîner. Si les prêtres n'avaient pas nécessairement un tempérament évangélique, j'ai souvent pensé que les autres vicaires de Sainte-Amande devraient être jaloux de M. de Vernis. Ni les uns ni les autres n'ont pareille clientèle. Les pénitentes de M. l'abbé Poireau sont des cuisinières et des domestiques, celles de M. l'abbé Panade, troisième vicaire, sont des femmes de négociants et de petits bourgeois. Autour du confessionnal de M. Poireau, il y a toujours une foule de paniers, de légumes, et de robustes servantes qui jasent à l'envi en attendant leur tour. Les heures de confession de M. Poireau sont le mardi matin de sept à dix heures;

le reste du jour, l'église est imprégnée d'une vague odeur d'œufs frais, de beurre et de choux. Le troupeau de M. Panade est plus silencieux que celui de son frère Poireau, et beaucoup plus modeste que celui de son frère de Vernis. On voit sur ses pénitentes plus de mérinos que de soie, plus de taffetas que de satin, plus de lacets que de dentelles. Mais aussi on prétend — non pas M. Panade, qui ne voit rien de tout cela — que ses pécheresses ont moins de rouge aux joues et qu'elles rougissent davantage, qu'elles ont moins de chignons sur la tête et plus de cheveux, moins de malice dans les yeux, mais plus de flamme. Malheur au prêtre trop sensible! C'est le samedi après dîner, de deux à quatre heures, qui est le jour de M. Panade. La petite bourgeoise fait laver ses appartements le samedi, entre le déjeuner et le dîner. Tandis que le pot-au-feu bout à la cuisine et que la domestique frotte le plancher sur ses genoux, Madame s'en va à confesse, un petit sac au bras (on fait ses emplettes en chemin). Il m'est impossible de comprendre, je l'avoue, ce qu'elle peut bien raconter à M. Panade; car les dames de la classe moyenne mènent une vie si occupée et si monotone qu'elles doivent avoir quelque peine à commettre de gros péchés. Il n'en va pas de même avec les habituées de M. Poireau, qui ont de temps en temps des choses si extraordinaires à raconter que le pauvre saint homme bondit dans sa cellule, comme si une épingle lui entrait dans les chairs. Les clientes de M. de Vernis sont plus ingénieuses : elles inventent des peccadilles en route et reçoivent en souriant l'absolution pour des péchés qu'elles n'ont jamais commis. La petite bourgeoise, elle, a la terreur de la confession. Lorsque M. Panade est en humeur inquisitive, il réussit d'ordinaire à mettre ses pénitentes dans un tel état de bouleversement, qu'elles avouent avoir fait fausse mesure à Mme Bourdon, ou avoir jeté un regard trop bienveillant sur Jules, le garçon de magasin, — ce qui est complétement faux. M. le curé, qui est un vieillard aux cheveux blancs, doit aussi subir toutes les confessions concernant la rupture de têtes de poupée ou de pots de confiture; le dimanche matin, de huit à dix heures, tous ses pénitents sont des petites filles et des petits garçons âgés de six à quatorze ans (inclusivement).

L'église de Sainte-Amande est un des plus jolis édifices de Paris. On ne peut guère l'appeler imposante ou grandiose, car elle compte parmi les récentes constructions de M. Haussmann, et l'on sait que les créations de l'ingénieux préfet semblent inspirées par l'imagination fantasque d'un peintre plutôt que par la sobre conception d'un architecte. Elle fut élevée pour plaire au clergé, qui commençait à se plaindre du nombre exorbitant des écoles, des théâtres et des casernes dans le nouveau Paris, prétendant que la Providence abandonnerait à jamais une ville sans églises et sans séminaires. M. Haussmann levait les épaules et laissait dire, mais il finit par bâtir l'église, et choisit pour cela une localité admirable, — le point précis où on n'en avait nul besoin. Je ne me souviens pas combien de millions furent absorbés par cette construction; cinq ou six, je crois, sans compter la décoration intérieure, qui coûta au moins un million. L'édifice fut inauguré, un beau jour, en grande pompe. A la tête du cortége marchait un bataillon de soldats, puis venait un autre bataillon de soldats, suivi d'un bataillon de gardes nationaux, suivis de nouveaux soldats, suivis de gendarmes, suivis de cavalerie, suivie de M. Haussmann, de l'architecte, de deux secrétaires privés et de trente-six membres des différentes municipalités de Paris, tous en voiture. Après eux venaient encore des soldats et des agents de police. Sur les marches de l'église, M. Haussmann, galonné d'argent, rencontra le bedeau, galonné d'or, et Monseigneur de Paris, vêtu de blanc et de violet, sans parler de sa mitre archiépiscopale. Il y eut une pause de quelques instants, puis les soldats, les gardes nationaux, les gendarmes, les agents et le bedeau présentèrent armes. Là-dessus, M. Haussmann sortit un parchemin de sa poche et le tendit à l'archevêque ; c'était l'acte de cession par lequel la ville de Paris déclarait confier l'édifice aux soins du pouvoir spirituel. Ceci fait, Monseigneur s'inclina et écouta, un quart d'heure durant et avec une évidente satisfaction, l'énumération dithyrambique que fit le préfet des gloires de la dynastie impériale. Après le dithyrambe, la troupe présenta armes une seconde fois, puis toute la procession, les soldats exceptés, entra dans l'église, où la cérémonie se termina par un sermon de Monseigneur dans lequel la fondation du temple par Salomon et la construction de Sainte-Amande par Napoléon III furent très-heureusement et adroitement comparées.

Le nouveau sanctuaire réunit bien vite une congrégation aux dépens des églises voisines. Quelques-uns prétendent que ce résultat fut dû aux gracieuses décorations bleues et or de l'intérieur, d'autres l'attribuent aux magnifiques vitraux de couleur, des troisièmes le mettent sur le compte du bedeau et de son air pimpant. Mais le plus grand nombre — et je me range à leur avis — opinent pour rapporter tout l'honneur de cette subite popularité à M. de Vernis. Que si vous me demandiez par quel procédé M. de Vernis trouva moyen de remplir son église et d'y retenir la foule, je serais forcé de vous répondre que ceci est un secret que M. de Vernis seul est en position de révéler et qu'il entend très-probablement garder pour lui.

Comme l'indique la particule attachée à son nom, M. de Vernis est de noble extraction. On n'eût rien trouvé de bien remarquable dans ce fait, il y a quelque soixante-dix à quatre-vingts ans ; à cette époque, l'Église contenait une foule de gentilshommes, cadets de famille, pour la plupart, et coureurs d'épiscopats. Mais, depuis la Révolution, deux circonstances se sont réunies pour éloigner la noblesse du clergé : en premier lieu, l'abolition du droit de primogéniture, qui place les cadets de famille sur le même pied que l'aîné ; en second lieu, la confiscation des biens ecclésiastiques et la rémunération des charges de l'Église par l'État. Les gros traitements de 500,000 francs par an, dont on comptait plus d'un sous la monarchie, ont presque tous disparu ; il n'y a plus ni ces grasses cures, ni ces bons canonicats où les indemnités de tout genre élevaient les salaires jusqu'à 35 et 50,000 fr. Les prêtres sont mal payés, les évêques ont à peine de quoi vivre, et les candidats au clergé se recrutent dès lors parmi les hommes de position inférieure, fils de petits boutiquiers ou de fermiers pauvres. Aussi, quand une exception se présente, comme dans le cas de M. de Vernis, fils du comte de Vernis, un gentilhomme qui a la meilleure opinion de lui-même, la chose n'est pas sans importance. M. de Vernis a l'air et les façons d'un gentilhomme. Les dames ne craignent pas de l'inviter à déjeuner. Il ne ressemble pas à ce pauvre Poireau qui a toujours soin de ramasser sa sauce à l'aide de son pain, et de rendre son assiette propre comme devant au valet de pied. Il ne ressemble pas davantage à son autre collègue, Panade, qui souffle bruyamment dans sa soupe et ne connaît pas d'autre fourchette que la main, quand il s'attaque à une cuisse de poulet. On est au contraire tout heureux d'avoir l'abbé de Vernis avec des marquises et des comtesses. Il fait bien à table; sa physionomie bénigne et sa manière de dire les choses les plus simples avec onction font passer comme un souffle de paix sur l'assistance. Une des raisons qui lui valent un si bon accueil, c'est qu'il sait se rendre rare. Loin d'être un pique-assiette comme son supérieur, le curé, qui ne refuserait pas l'invitation d'un ramoneur pourvu qu'il y trouvât bonne chère, M. de Vernis répond à trois lettres sur quatre par un refus extrêmement poli. Dans ces occasions, il se sert de papier presque aussi épais que du carton, orné d'une croix mauve en guise d'armes, et d'une encre noire comme jais. Il est trop « vieux régime » pour employer des enveloppes gommées ; il ferme ses lettres avec un énorme cachet qui nécessite invariablement un double timbre. Les mêmes principes de riche extravagance le dirigent dans sa mise. Sa soutane est de si fine étoffe qu'elle passerait tout entière à travers une bague. Il porte des bas de soie noirs, des bottines vernies et des cols de lin. Son chapeau est toujours neuf, et il ne sort jamais sans avoir mis des gants de peau noirs qui lui coûtent six francs la paire et qui lui servent trois fois au plus. De tout cela on pourrait conclure que M. de Vernis est un homme vulgaire et vaniteux; mais il n'est ni l'un ni l'autre. Le luxe semble être son élément naturel, et l'économie une chose impossible pour lui. A première vue, on devine ses instincts élégants. On ne se représente pas davantage M. de Vernis contrôlant la monnaie de cent sous que M. de Vernis dînant d'un morceau de bouilli dans un restaurant à prix fixe.

Malgré ses dépenses exagérées, M. de Vernis

a toujours l'air prospère; il habite un entresol du boulevard Malesherbes, qui lui coûte 8,000 francs par an, tandis que son salaire est de 2,000 francs et son patrimoine une rente de 5,000 francs. On ne sait trop comment il s'en tire, mais le fait est qu'il n'a jamais eu un sou de dette. Ses amis prétendent qu'il écrit dans *le Monde*, ou dans l'*Univers*, et que ses articles sont royalement payés. Ceux qui n'ont pas de raison pour lui vouloir du bien se montrent très-incrédules à cet endroit, et rient de si bon cœur, quand le sujet est mis sur le tapis, qu'il est parfaitement inutile de vouloir discuter avec eux. Il faut dire pourtant que personne n'est aussi insensible à la calomnie que M. de Vernis. Il semble n'avoir aucun souci de ce que le monde peut penser ou dire de lui. Il n'est pas spirituel, au moins n'a-t-il pas cet esprit également prompt à l'attaque et à la repartie qui est celui des hommes du monde; mais, si quelqu'un dit du mal de lui, il sourit d'un honnête sourire qui dispose son interlocuteur en sa faveur et ne laisse sur ses lèvres aucune trace de rancune. En politique, M. de Vernis est censé être un impérialiste, ce qui explique la faveur que lui témoignent tous ceux qui occupent une position officielle. Peut-être, cependant, serait-il bon d'ajouter, pour éviter toute équivoque, que si M. de Vernis passe pour un impérialiste, c'est qu'il ne s'est jamais montré autre chose. Si l'on voulait au contraire parler d'une prédilection hautement exprimée par lui, il faudrait dire que tous les gouvernements lui sont indifférents, car il n'a jamais prononcé une parole en faveur de quelqu'un d'entre eux. Seulement, quand un légitimiste, un orléaniste, ou un républicain, surtout un républicain, s'adresse par hasard à lui, l'abbé sourit avec une grande douceur, du radieux sourire qui lui est habituel, et passe à l'autre extrémité de la chambre, — aussi loin que possible.

En essayant d'analyser le caractère de M. de Vernis, on se heurte aux mêmes difficultés que rencontra Champollion dans ses tentatives de déchiffrer les inscriptions des vieux monuments égyptiens. Chaque trait semble à demi effacé, il n'y a rien de marqué, rien de saillant en lui. Parfois on s'imagine avoir enfin trouvé un point fixe qui pourra fournir la clef de l'ensemble, mais il se trouve en général que ce point n'est qu'une tache qui disparaît quand on l'examine de plus près. Ce n'est pas que la physionomie de l'abbé ne semble très-facile à comprendre, et qu'il ne faille une étude attentive pour découvrir à quel point elle sait être gracieusement indifférente et dénuée de toute expression. Naturellement on lui en a fait un crime, — le public est si méchant! On a été jusqu'à l'appeler un jésuite, un faux renard, et autres petits noms tout aussi déplacés. Mais, quand on le désigne comme un jésuite, M. de Vernis joint les deux mains par le bout des doigts et, le regard fixé sur ses ongles correctement coupés, il répond par une courte esquisse de l'histoire des jésuites, dans laquelle il fait surtout ressortir les bonnes œuvres de cette révérende société. Après quoi, au moment où chacun s'attend à le voir conclure en faveur de l'institution, il s'écrie, en secouant la tête : « Mais les jésuites se sont rendus coupables d'une foule de crimes et on leur reproche d'être hypocrites. Dans ces circonstances, je ne puis que me réjouir de n'avoir rien de commun avec eux. »

D'aucuns prétendent que M. de Vernis ira loin, et qu'on le verra s'élever peu à peu à la dignité d'évêque et peut-être à celle de cardinal. Les dames qui livrent assaut à son église les jours où il prêche (et qui ont de cruelles migraines les jours de Poireau et de Panade) ne se sentent pas de ravissement à l'idée de le voir revêtu d'une robe violette ou écarlate. Elles disent que l'écarlate convient à son teint, et c'est sans doute pour cette raison que la mignonne marquise de la Douillette lui a fait dernièrement donner la croix de la Légion d'honneur. Il porte aujourd'hui le ruban rouge « en récompense, dit le *Journal officiel*, des services rendus par lui en visitant les salles d'un hôpital pendant le choléra, et en administrant de saintes consolations aux malades ». Les ennemis de M. de Vernis, j'ai regret de le dire, pouffent de rire à la lecture de ce paragraphe, jurant que l'abbé n'a jamais de sa vie mis les pieds dans un hôpital et que le ministre des cultes a été mystifié par Mme de la Douillette. Mais, encore une fois, le monde est si abominablement méchant, et il dit tant de vilaines choses de Mme la marquise et de M. l'abbé, que, si je m'aventurais à en raconter la moitié, je noircirais une rame de papier tout entière de contes singulièrement indiscrets et irrévérencieux.

V

LE PRÊTRE CAMPAGNARD.

Notre très-estimable ami M. le curé Chausson mènerait la plus heureuse vie du monde dans sa cure de Bourbe-en-Mare, n'étaient deux trouble-fête, — le maire et le maître d'école. Ces fonctionnaires le mettent au supplice. Ils bouleversent son esprit et jettent le désarroi dans son âme. Si jamais vous le rencontrez arpentant la route à grands pas, gesticulant, haletant, enfonçant son chapeau sur sa tête et décrivant des paraboles indignées avec sa canne-à-corbin, n'allez pas chercher bien loin la cause de son agitation. Vous pouvez parier dix contre un qu'il a quelque démêlé avec le maire ou le maître d'école, et qu'il invoque les temps bénis où ces honorables personnages n'étaient pas encore institués.

Le fait est que dans le bon vieux temps M. Chausson aurait été maître absolu dans son village. Il aurait eu un bon rectorat, le droit de lever la dîme, le privilége d'éduquer seul ses paroissiens et de les forcer à aller à l'église bon gré, mal gré. Le seul pouvoir égal au sien eût été celui du seigneur, mais le seigneur et lui se fussent compris à merveille. Il se voyait dînant au château le dimanche, faisant de la musique avec la châtelaine pendant la semaine, menant en laisse la noble dame au moyen d'indulgences plénières, et le reste de son troupeau par la menace du purgatoire.

Mais cette infâme Révolution a changé tout cela. Il n'y a plus de seigneurs aujourd'hui, plus de festin le dimanche, et quant au purgatoire, ce vulgaire mécréant de maître d'école fait de son mieux pour persuader aux bonnes gens que cette localité n'a jamais existé. Le village est maintenant gouverné par un triumvirat, malédiction de ces temps impies. Le maire, qui est un âne et qui ne sait pas même épeler son nom, prétend dicter au curé sa conduite, et le curé, qui voudrait envoyer le maire à Jéricho pour parachever son éducation, l'invite chaque jour à se mêler de ses affaires et à tenir sa langue en repos. Tel est l'état des choses dans le village, et on m'assure que la paroisse de M. le curé Chausson pourrait servir de modèle à une foule d'autres en France.

Bourbe-en-Mare n'est pas un endroit d'importance, — on aura quelque peine à le trouver sur la carte ; — mais la chicane y fleurit et les dissensions intérieures entre l'Église et l'État y croissent tout aussi bien que l'ortie et que l'épine noire. La commune accuse une population de neuf cents âmes, — ni trop, ni trop peu. Elle est à cinq lieues de la station la plus voisine, juste assez rapprochée pour que les nouvelles, parties de Paris le matin, lui arrivent le soir. Si, par exemple, une nouvelle révolution éclatait à Paris — je ne fais ici qu'une simple supposition tout à fait improbable — et si l'empereur venait à être détrôné après un combat commençant à deux heures pour finir à neuf heures et demie du matin, Bourbe-en-Mare apprendrait l'affaire à cinq heures du soir, au moment où Sa Majesté traverserait la Manche. Ceci prouve que le village est suffisamment en dehors du cercle des événements politiques « pour être inaccessible », comme s'exprimait dernièrement le préfet du département, « à l'influence corruptrice des passions en conflit ».

Le préfet était en tournée d'inspection dans son département quand il prononça ces paroles, et il ajouta avec émotion : « En contemplant cette région bucolique, je ne vois autour de moi que paix et bonne entente, cordialité et concorde. La lutte ne vient jamais assombrir la sérénité radieuse de votre rustique horizon. L'Église, si saintement représentée (un regard à M. Chausson) par votre angélique curé, vous inspire l'amour du ciel et la crainte de l'empereur, je veux dire la crainte du ciel et l'amour de l'empereur. La sagesse, dont le gardien (un signe au maître d'école) est cet illustre quoique modeste savant, bien digne — hem! — bien digne de figurer en lettres d'or dans les mémoires secrets de la renommée, la sagesse est parmi vous, déroulant chaque jour sous vos yeux l'histoire de notre glorieuse dynastie, et vous enseignant la gratitude que nous devons à ce libérateur qui est venu nous sauver de la ruine et de l'anarchie. Enfin l'État, toujours prêt à guider vos pas, a placé parmi vous l'intelligent fonctionnaire (coup d'œil au maire) qui est à la fois votre père, votre conseiller et la vivante image parmi vous de Napoléon III, notre bien-aimé souverain ! Oh ! heureux, mes amis, trois fois heureux le village de Bourbe-en-Mare, où la science, la religion et l'ordre vont se donnant la main comme trois vierges sœurs — les trois filles du régime impérial ! » (Immense enthousiasme; le maire, le curé et le maître d'école se mouchent, et s'efforcent de prendre un air dégagé.)

Le préfet qui fit ce mémorable discours n'avait probablement pas une foi absolue dans ses propres paroles, car enfin les préfets sont souvent beaucoup plus intelligents qu'ils n'en ont l'air. D'ailleurs, les querelles de M. Chausson et de son rival, le maire, sont choses notoires à la préfecture, grâce au système de correspondances secrètes organisées par le gouvernement jusque dans les plus pauvres villages. Mais le préfet, qui n'a aucun désir de voir ses subalternes se disputer avec le clergé, écrit lui-même au maire, chaque mois : « Pour l'amour du ciel, monsieur, mettez fin à ces misérables chicanes. » A quoi le maire répond piteusement : « En vérité, monsieur le préfet, je fais mon possible, mais M. le curé me tourmente. »

D'autre part, M. le curé Chausson affirme très-positivement que, si l'entente n'est pas parfaite au village et si la population est divisée en une infinité de factions toutes à couteaux tirés les unes contre les autres, la faute n'en est pas à lui. Voici une lettre qu'il écrivit dernièrement sur ce sujet à Mgr l'évêque du diocèse et qui, mise à la poste, s'égara par quelque étourderie d'un employé, et vint tomber entre les mains du préfet, d'où elle fut immédiatement (après lecture) transmise à sa véritable adresse :

« Monseigneur,

« En vous envoyant mon rapport mensuel sur l'état religieux de mon troupeau, je regrette de devoir prendre de nouveau la plume, le cœur accablé, au lieu de me présenter devant vous dans le ravissement d'un triomphe remporté sur les ennemis de l'Église.

« Monseigneur, la conduite du maire, M. Blaireau, est encore faite pour augmenter ma profonde tristesse; je n'ai pas de meilleures raisons pour me réjouir de celle de M. Caillou, le maître d'école. Pas plus tard que la semaine dernière, je trouvai que le dernier de ces deux hommes pervertis avait prêté un volume de Voltaire (un infâme roman, monsieur, appelé *Candide*) à Mme Chopin, la femme de l'épicier, une excellente personne, monseigneur, qui avant la lecture de cet affreux livre ne m'avait jamais donné des raisons de plainte. Je fis aussitôt des remontrances à M. Caillou qui me répliqua, avec une légèreté sans exemple, que Mme Chopin était en âge de juger par elle-même des lectures qui lui convenaient et que, quant à lui, il lisait et continuerait à lire ce qui lui plairait. Je laissai cet homme abandonné à son sort, priant encore pour adoucir la colère du ciel à son égard; et j'allai, le même jour, demander son renvoi au maire. Je regrette de devoir vous dire, monseigneur, qu'il n'a pas été fait droit à cette demande.

M. Blaireau alla même jusqu'à défendre son collègue en iniquité, et jusqu'à parler du criminel plaisir qu'il avait éprouvé lui-même à la lecture de Voltaire. Je ne m'affligerais pas autant de tout cela, monseigneur, si je ne voyais la contagion de ces mauvaises doctrines s'étendre jusqu'aux femmes de mon troupeau. Je les vois acheter des journaux qui ne sont pas ceux qu'approuve la sainte Église. Je rencontre sur leurs tables des livres que le saint Index a condamnés, et, quand je défends sévèrement ces livres sous menace des peines édictées par la loi canonique, je trouve une certaine tendance, qui me navre, à ne pas s'effrayer beaucoup de la loi canonique. La liste de mes douleurs n'est pas encore terminée, monseigneur. M. Caillou ne s'est-il pas avisé de clouer, l'autre jour, contre la porte de son école, une pancarte portant qu'il donnera une série de séances les jeudis soirs, à l'usage des jeunes filles de quatorze à vingt ans! Je vous laisse deviner, monseigneur, ce que seront ces séances : elles font partie, semble-t-il, du programme de M. Duruy, que je regrette de voir encore ministre de l'instruction publique. L'hiver dernier, M. Caillou a déjà donné un pareil cours sur l'histoire naturelle, et le résultat s'en est bien vite montré dans le cas de Marie Tricot épousant Jean-Jean Courtin sans les services de l'Église. Ces mariages civils, monseigneur (que notre Saint-Père a déclarés n'être qu'une prostitution légalisée), deviennent de plus en plus fréquents parmi nous. Un paysan s'est dernièrement fait marier de cette façon, sous prétexte que l'Église lui aurait coûté six francs et qu'il ne pouvait pas donner cette somme. Ce seul exemple pour vous montrer, monseigneur, jusqu'à quelle profondeur de subterfuges peut descendre l'esprit humain quand il se laisse corrompre par des doctrines malsaines. Monseigneur, j'ai dû substituer un plat à la bourse qui me servait à faire la collecte. J'ai remarqué que mes paroissiens mettent davantage sur le plat qu'ils ne mettaient dans la bourse; d'ailleurs, la dernière fois que j'ai fait usage de cette dernière, j'y ai trouvé plusieurs pièces d'un centime, six boutons de cuivre et un navet. Le navet, monseigneur, doit avoir été l'offrande du maire. Cet homme, je regrette de le dire, est capable de tout. Mais je ne veux pas affliger plus longtemps votre esprit, monseigneur, par le récit des insultes qui sont chaque jour adressées à l'Église par ceux dont la première tâche comme le suprême honneur devraient être de la défendre. Je ne puis que suggérer une fois de plus à Votre Grandeur de demander au ministre de l'intérieur qu'une personne plus digne soit mise à la place de M. Blaireau, le maire, et qu'en même temps M. Caillou cède son poste à un instituteur qui ne soit pas une pierre d'achoppement pour les enfants de Bourbe-en-Mare et dont les pernicieuses doctrines ne conduisent par leurs âmes à l'éternelle perdition.

« Je suis, etc.

« DOMINIQUE CHAUSSON. »

Cette lettre reçut la réponse suivante, écrite par le chapelain de l'évêque, laquelle passa de nouveau, par un hasard quelconque, entre les mains du préfet, d'où elle fut immédiatement transmise à destination :

« Mon cher monsieur Chausson,

« Monseigneur est très-édifié de votre zèle

que rien n'arrête, mais il croit que vous feriez peut-être bien de laisser Mme Chopin choisir les livres qui lui plaisent. Voltaire, nous en tombons d'accord avec vous, était un hérétique et un athée; il expie aujourd'hui les méfaits qu'il commit sur terre; mais enfin il écrivait fort bien, et si vous défendez à Mme Chopin de lire ses œuvres ouvertement, elle se hâtera de les dévorer en secret. Je connais ce genre de femmes. Quant aux séances de M. Caillou, il n'est pas possible de rien faire *maintenant;* au premier changement de ministère, il faudra voir. Cependant ne laissez à aucun prix les ouvriers se détourner du mariage religieux sous prétexte des six francs de taxe. S'ils sont trop pauvres ou seulement hésitants, supprimez la taxe, et si cela ne suffisait pas, allez jusqu'à offrir une pièce de dix francs au fiancé pour l'encourager à se conformer à l'usage. Le scandale des mariages civils doit être évité à tout prix, parce qu'ils sont un mauvais exemple. Quant au navet, j'espère que vous n'avez raconté cette trouvaille à personne; il est peu prudent d'introduire ces idées dans la tête des paysans qui ont, presque tous, l'instinct de l'imitation. Encore une fois, monseigneur vous remercie de votre zèle, mais il serait heureux de vous voir, en même temps, un peu moins brusque dans votre manière d'agir. Il ne nous convient pas d'entrer en conflit avec les autorités. Vous ne vous y prenez pas de la bonne manière pour obtenir le renvoi de M. Blaireau. Soyez poli avec lui, particulièrement poli, et laissez-nous faire le reste.

« Votre dévoué,

« CLÉMENT POTIN. »

Ces vertes réprimandes auraient arrêté la ferveur d'un apôtre moins ardent que Dominique Chausson. Mais le bon abbé ne connaît guère les procédés de la diplomatie, et « frapper dru » reste sa grande maxime politique. Il a, sans doute, le vague sentiment qu'en dénonçant les théories modernes et en jetant de sa chaire des anathèmes hebdomadaires sur tous les résultats de la civilisation moderne, — télégraphe électrique, livres à bon marché, engins à vapeur et journalistes, — il contribue à l'avancement de la religion. Il marche sur les traces de M. Louis

Veuillot, dont il admire les écrits et qu'il prend pour son modèle en éloquence vitupérative. Il rentre dans le type de l'ecclésiastique brouillon que détestait si cordialement le premier Napoléon. « Hors de l'Église, pense-t-il, point de salut », et l'Église, telle qu'il la comprend, est un état d'emprisonnement moral aussi complet et aussi accablant qu'il est possible de l'imaginer. M. Chausson ne serait pas ce qu'il est, s'il avait reçu une meilleure éducation, et si le commerce d'une aimable société et l'influence d'un sain développement avaient quelque peu adouci les aspérités du rude entendement qu'il rapportait du séminaire. Mais Dominique Chausson n'eut jamais le bonheur de recevoir une éducation raffinée. Comme aujourd'hui presque tous ses collègues, il est d'humble origine et se sent extrêmement fier de la position comparativement élevée que lui a donnée le rang de prêtre. Dans ces circonstances, il est plutôt désagréable que dangereux pour l'autorité. Elle sait qu'il aboie plus qu'il ne mord, et que ce n'est pas avec de tels hommes que l'Église fait des Richelieu ou des Mazarin. Néanmoins, il est des moments où l'abbé Chausson devient un personnage, et ces moments tombent d'ordinaire sur les périodes électorales, alors que l'abbé et ses collègues franchissent d'un seul bond vingt ou trente degrés de l'échelle sociale et deviennent gens d'influence, qu'il faut bien ménager. Ce n'est certes pas une bagatelle que d'avoir un homme tel que l'abbé Chausson, prêchant chaque dimanche, en termes énergiques quoique voilés, contre le candidat officiel, et plaçant son troupeau dans la dure alternative d'aller droit en enfer ou de voter pour le protégé du clergé. Ceci n'arrive que lorsque l'Église et l'État diffèrent sur le choix d'un candidat : chose rare, car l'État a presque toujours montré, ces dernières années, la prudence ou, si l'on veut, l'imprudence de céder le pas chaque fois que l'Église montrait quelques velléités d'opposition. Mais enfin, il est des cas où un préfet particulièrement obtus se trouvant en rapport avec un évêque non moins particulièrement obtus, une guerre en résulte tout naturellement, dans laquelle cinq ou six cents prêtres de l'acabit de M. Chausson sont ligués contre cinq ou six cents maires de la valeur de M. Blaireau. Quand vient l'heure de la mêlée, M. Chausson est tout entier dans son élément. Chacun de ses sermons est une philippique déguisée, chaque phrase une épigramme travestie. Il est exubérant. Il met tant d'ardeur à parler des peines éternelles que ses pauvres diables d'auditeurs finissent par se demander si le candidat choisi par le gouvernement ne serait pas d'aventure l'épizootie incarnée, ou le prince de Bismarck, ou quelque petit-fils de Robespierre, ou enfin n'importe quel personnage également abhorré pour ses méfaits.

La conclusion de tout ceci est que, malgré ses lamentations sur le déclin du sentiment religieux dans sa paroisse, l'abbé Chausson trouve d'ordinaire les habitants de Bourbe-en-Mare assez ignorants pour croire tout ce qu'il dit, assez bigots pour prendre peur à l'ouïe de ses prophéties, et assez naïfs pour exiger de leur candidat, comme seule profession de foi politique, qu'il s'engage en toute occasion à voter systématiquement et indistinctement contre... Voltaire.

VI

LE DÉPUTÉ IMPÉRIALISTE

M. Pavé de l'Ours est le député de notre circonscription. Si vous cherchez son nom dans le *Dictionnaire des contemporains* de Vapereau, vous trouverez la notice suivante : « *Pavé* Jacques-Achille de l'Ours. Honorable industriel du département de la Somme. Fabricant d'allumettes chimiques et marchand de peaux de lapin en gros. Officier de la Légion d'honneur, conseiller général. Maire de la commune de Briquet-le-Soufre. Né 1810. Élu membre de la Chambre des Députés, 1847. Député à la Constituante et à l'Assemblée nationale, 1848. Député au Corps législatif, 1852, 1857, 1863. Conservateur ; vote avec la droite. »

Au gré de M. Pavé de l'Ours, ces indications sont beaucoup trop sommaires. Quand il reçut la circulaire de M. Vapereau lui demandant un court résumé de sa carrière, il composa une biographie complète, en dix pages in-folio, et ne fut pas peu mortifié en voyant le maigre usage qu'en fit le célèbre compilateur. Son secrétaire, qui avait eu l'ennui de copier la dite biographie, le consola en lui faisant remarquer que les chiffres sont plus éloquents que les mots, et que cette série de dates : 47, 48, 52, 57, 63 en disaient davantage que toutes les phrases du monde, — en quoi il n'avait qu'à moitié tort. M. Pavé de l'Ours déclara néanmoins que nous vivons en un temps pervers autant que méprisable, que le plus mince écrivailleur se fait aujourd'hui plus de gloire qu'un homme qui a fabriqué des allumettes, sa vie durant, pour le bien de son pays, et que l'ingrate renommée préfère un phraseur comme Jules Favre ou un plumitif comme Victor Hugo à un noble industriel qui a vêtu ses contemporains de peaux de lapin et gagné, pour ce fait, la croix de la Légion d'honneur. Son secrétaire ne put qu'approuver son point de vue, tout en lui rappelant que deux heures allaient sonner et qu'il était temps d'aller au Palais-Bourbon.

M. Pavé de l'Ours avait obtenu le droit de siéger au Corps législatif par les votes de 28,531 électeurs de son département. Comme il n'y eut, aux dernières élections de cette circonscription, que 30,900 votants, on peut considérer l'unanimité comme acquise à M. Pavé de l'Ours, car enfin personne n'ira prendre garde aux 2,575 mécontents qui ont voté pour M. Victor Lerouge, un radical à l'esprit mal tourné, auteur d'une histoire de la première République, et indigne de la critique des gens sérieux.

A son élection, M. Pavé de l'Ours s'engagea à deux choses : *primo*, à voter toujours suivant sa conscience ; *secundo*, à voter invariablement avec le gouvernement. Là-dessus, un de ces êtres mal élevés et indiscrets qui semblent prendre plaisir à faire des questions absurdes exprima le désir timide de savoir ce que ferait M. Pavé de l'Ours dans le cas où sa conscience et le gouvernement ne tomberaient pas d'accord. Mais cette interpellation évidemment inconvenante fut traitée avec le mépris qu'elle méritait. L'homme fut arrêté par les employés de l'administration locale et vertement réprimandé. Le maire lui fit sentir qu'il devrait rougir de sa conduite. Le commissaire de police l'avertit que les candidats du gouvernement n'étaient pas faits pour être insultés, et le pauvre diable aurait eu fort à pâtir sans doute de cette aventure sans la généreuse intervention de M. Pavé lui-même, qui déclara avec magnanimité que la rage de ses adversaires ne saurait jamais l'atteindre. C'est ainsi qu'il advint, pour la troisième fois depuis l'établissement du second Empire, que M. Pavé de l'Ours fut envoyé à Paris avec le titre de député, 12,500 francs de traitement annuel, et l'estime cordiale de ses commettants.

On sait que les députés prêtent serment avant d'entrer à la Chambre. Le président demande :

« Monsieur, jurez-vous fidélité à l'empereur et à la Constitution ? »

A quoi le postulant répond :

« Je le jure ! »

« Vous êtes admis, » reprend alors le président; et le nouveau membre va choisir sa place.

M. Pavé n'eût pas demandé mieux que de prêter serment le jour même de son élection, quitte à le répéter, chaque matin, jusqu'à nouvel avis; mais cette formalité fut retardée par une circonstance imprévue. La validité de son élection fut attaquée par M. Lerouge, son infortuné concurrent. Ce désagréable personnage qui avait été, semblait-il, assez ignominieusement battu pour ne jamais sortir de son obscurité, ce paltoquet, disons-nous, eut la maladroite audace de prétendre que la lutte n'avait pas eu lieu à armes égales et que, si ceci ou cela avait eu lieu — si, par exemple, le département avait possédé une presse libre, un droit de réunion et un peu moins de préfets, de gendarmes et d'autres agents d'intimidation, — son nom de Lerouge serait sorti victorieux de l'urne. A ces arguments, M. Pavé de l'Ours se contenta d'opposer une ingénieuse objection : « Avec un *si*, disait-il, on mettrait Paris en bouteille. » Cet axiome n'empêcha pas M. Lerouge de pétitionner, car il était de ceux que l'argumentation la plus serrée ne saurait convaincre. Il persista donc à prétendre qu'une élection qui excluait la libre compétition n'avait aucune valeur, et il trouva même 1,500 mauvaises têtes pour signer la demande avec lui. Or, voici comment se traitent ces sortes de choses. La pétition est remise au président du Corps législatif, qui la soumet à un comité de douze membres choisis par la Chambre. La tâche de ce comité est de se procurer des renseignements, ce qu'il fait d'ordinaire en envoyant des commissaires sur la scène même des événements. Mais, comme lesdits commissaires ont la conviction bien arrêtée que les seuls individus véridiques en France occupent des positions officielles, ils se contentent le plus souvent d'interroger ceux mêmes qu'il s'agissait de contrôler : les préfets, sous-préfets, maires, juges et autres employés, lesquels s'arrangent naturellement pour sortir blancs comme neige de cet adroit examen. Lorsque ces témoignages impartiaux sont en nombre suffisant, on les transmet au comité qui, après discussion, délègue un de ses membres pour faire un rapport à la Chambre.

Le rapport lu devant les députés, un débat

s'ouvre à huis clos et la question est mise aux voix, comme la première proposition venue. Ces différentes opérations prennent un temps plus ou moins long, suivant que les commissaires semblent plus ou moins désireux d'éclairer les convictions. Quand il s'agit d'un membre de l'opposition, la nécessité de réunir le plus grand nombre de renseignements possible saute à tous les yeux, et l'enquête — comme il advint lors de l'élection du comte d'Estourmel, en 1868 — dure souvent trois ou quatre mois. Pendant tout le temps de l'instruction, le nouveau membre n'a pas le droit d'occuper son siége à la Chambre, un immortel principe de la loi française voulant que l'accusé soit considéré comme coupable jusqu'au moment où il a établi son innocence. Cette circonstance, disent les sceptiques, suffit à expliquer le temps démesuré que prennent les investigations faites à propos d'une élection libérale; cependant l'explication proposée par le gouvernement paraît plus plausible à la majorité. Il est impossible, dit-il, de satisfaire jamais ces abominables radicaux; si nous passions trop facilement sur les pétitions faites contre eux, ils en prendraient encore occasion de se plaindre.

Mais, pour en revenir à M. Pavé, les accusations portées contre un homme si respectable ne pouvaient que tourner à la confusion de son antagoniste. En vain on essaya de démontrer qu'il avait été mis en avant comme candidat officiel, que le préfet, les sous-préfets, les maires et tous les fonctionnaires jusqu'aux gardes champêtres avaient reçu l'ordre de favoriser son élection de toute leur influence. En vain on voulut prouver que des obstacles de tous genres avaient été mis sur le chemin de son adversaire ; que ce dernier n'avait pas été autorisé à tenir des réunions, tandis que M. Pavé, sous prétexte de thé intime, invitait à la fois chez lui cinq ou six cents électeurs avec l'autorisation du préfet, et leur faisait des promesses étonnantes, impossibles, qui ressemblaient singulièrement à des tentatives de corruption. En vain on ajouta que les circulaires de M. Pavé ne payaient pas de droit de timbre et étaient distribuées gratis par les gendarmes du département, alors que celles de M. Lerouge lui coûtaient six centimes la pièce, et que des mains inconnues les déchiraient sur les murs. En vain on exposa que M. Pavé avait fait un présent de 10,000 francs pour bâtir une nouvelle église et un cadeau de 15,000 francs pour édifier une nouvelle école, qu'il avait racheté une douzaine de jeunes gens saisis par la conscription, qu'il avait promis un nouveau pont à un village, qu'il avait obtenu des emplois officiels pour les protégés d'une bonne douzaine de ses principaux électeurs, et que tout cela avait été bruyamment reproduit par le journal préfectoral, tandis que M. Lerouge ne pouvait pas même donner une pièce de vingt sous au gamin qui tenait son cheval, sans être accusé d'acheter ses électeurs. Ces faits et plusieurs autres étaient relatés tout au long dans la pétition contre M. Pavé de l'Ours, mais ils n'eurent pas la moindre influence sur la Chambre. M. Panier de Cosaque, qui avait été dépêché pour examiner l'affaire, prononça que jamais élection n'avait été plus immaculée ; que les libéralités de M. Pavé étaient celles d'un cœur généreux, et qu'il fallait une âme bien intéressée et bien vile pour aller chercher des motifs aussi piètres dans l'érection d'une école, d'un pont ou d'un saint lieu. L'élection fut donc ratifiée à une immense majorité — quelque chose comme 260 voix contre 20, — et quand M. Pavé fit son entrée dans la Chambre, ses collègues témoignèrent de leur sympathie pour le pauvre persécuté en le gratifiant de ce que le *Moniteur* appelait le lendemain « de longs et bruyants applaudissements. » Ceci se passait en 1863.

Dès lors, M. Pavé de l'Ours a conservé intacte l'excellente réputation qu'il s'était acquise dans les cercles gouvernementaux en votant toujours du bon côté. Il siége au Palais-Bourbon à l'extrême droite, entre ses deux bons amis M. Panier de Cosaque et M. Jérôme Rabid. Il n'est jamais en retard. Arrivant ponctuellement à deux heures, une minute ou deux avant le président, il se rend à sa place d'un air grave qui produit la plus salutaire impression sur le *profanum vulgus* des galeries. Sa façon de porter son frac noir, de nouer sa cravate blanche (la cravate blanche est très-populaire dans les régions officielles), de faire valoir la rosette écarlate qui s'épanouit à sa boutonnière, de tordre sa moustache et son impériale cirées, témoigne de l'homme qui sait l'importance qu'il a et la grandeur qu'il revêt aux yeux de ceux qui ne le connaissent pas. Il est, en outre, remarquablement gras, et les hommes qui, comme M. Pavé, prennent la place destinée à deux députés ordinaires ont rarement l'air insignifiant. Un étranger n'est jamais longtemps à la galerie sans apercevoir M. Pavé de l'Ours, et sans éprouver aussitôt le désir de savoir qui il est. Les provinciaux le prennent invariablement pour l'un des grands hommes de l'Assemblée. « Qui est ça ? » demandent-ils, s'ils ont le bonheur d'être à côté d'un Parisien. « Qui ça ? » fait le Parisien en regardant sur les bancs de l'opposition, où sont pour lui les seuls membres de la Chambre dont il vaille la peine de parler. « Parlez-vous de l'homme aux cheveux ébouriffés, là-bas ? C'est Eugène Pelletan.

— Non, non ! pas de ce côté, à la droite, près de ce député à la figure de boule-dogue — M. Panier de Cosaque, je crois.

— Ah ! s'écrie en riant le Parisien, c'est M. Pavé de l'Ours. Avez-vous entendu parler de M. Pavé de l'Ours ? Son vrai nom est Pavé tout court, mais il s'appelle de l'Ours, comme bien d'autres, parce que ça lui fait plaisir. Il est très-riche, ayant fait fortune dans les allumettes chimiques et les peaux de lapin. En 1842, il fit marché pour la fourniture de quelques mille tonnes d'allumettes au roi de Dahomey. Il s'arrangea pour enduire la moitié de sa marchandise avec une pâte rouge au lieu de phosphore, et gagna un million à cette petite spéculation. Quelque temps après, il signa un contrat avec le roi Bungo pour la fabrication de culottes à l'usage des troupes des îles Nudi, qui n'en avaient jamais porté jusqu'alors. Ce fut encore une meilleure affaire.

Au lieu de fournir des culottes en peau de lapin, comme il l'avait promis, il les livra partie en peau de rat et avec une simple couture, — vous devinez ce qui arriva. M. Pavé empocha un nouveau million, et le roi Bungo acquit une si mauvaise opinion des produits européens qu'il cessa dès lors toute relation commerciale avec nous. Vous comprenez maintenant pourquoi M. Pavé devint si vite riche. En 1847, il était déjà directeur d'une demi-douzaine de compagnies industrielles et avait assez d'argent pour s'acheter le titre de député. Comme vous pouvez le supposer, les compagnies industrielles n'ont pas prospéré longtemps, mais M. Pavé, étant un de ces hommes qui s'arrangent toujours pour quitter à temps une maison en train de s'effondrer, sut se mettre à l'abri de ces désastres et devint directeur de six autres compagnies, qui ne tarderont pas à péricliter à leur tour. Le gouvernement soutient M. Pavé à chaque élection, parce qu'il connaît son horreur pour les révolutions. En 1848, il sacrifia la moitié de sa fortune afin de conserver l'autre, et eut si mortellement peur de la vengeance populaire qu'on l'entendait crier : « Vive la République ! » du matin au soir ; il faisait partie du club de la Montagne, votait avec Louis Blanc, et ne sortait jamais sans avoir une paire de pistolets dans ses poches.

Il est homme à se faire le *claqueur* d'un gouvernement comme le nôtre. Le seul aspect de Jules Favre et de Garnier Pagès lui fait l'effet que produit un chiffon rouge sur un taureau. Regardez-le quand un membre de l'opposition se met à parler. Il rugit. Il ne peut que hurler : « A l'ordre ! à l'ordre ! La clôture ! la clôture ! »

Si l'orateur continue, il flagelle son pupitre du coupe-papier que tous nos députés n'ont garde de quitter un instant, et si ce procédé est encore insuffisant, lui et ses amis se mettent à fermer violemment leurs pupitres, jusqu'à ce que le vacarme devienne infernal. Ils sont une quarantaine qui ne connaissent que cette éloquence-là et essayent de fermer ainsi la bouche à l'opposition. Ils ne font pas de discours. Leur affaire est de tapager, de crier bravo et de voter. Quand un ministre est à la tribune, ils le couvrent d'applaudissements chaque fois qu'il s'arrête pour reprendre haleine. Au moment du vote, ils vont entourer les membres du Cabinet et prendre leurs ordres avec l'obéissance et la câlinerie de chiens bien dressés. Quelques-uns de nos journaux de Paris se mettent en fureur à ce sujet, et traitent M. Pavé et ses amis de misérables qui vendent leurs consciences. Tout cela est peu raisonnable. M. Pavé ne peut pas avoir de conscience, je veux dire de conscience politique. Il est un épais négociant et voilà tout. La nature n'en a pas plus fait un législateur qu'elle n'en a fait un acrobate. Il considère toute question politique, religieuse ou sociale, au point de vue des allumettes phosphoriques et des peaux de lapin. Et si ladite question n'a pas de rapport avec l'un de ces deux produits de première utilité, la manière dont elle est résolue le laisse parfaitement indifférent. Tout ce qu'il demande, c'est de pouvoir vendre sa marchandise en paix, et de ne pas voir des gredins s'introduire dans ses bureaux pour lui soutirer sa caisse. S'il avait jamais eu plus haute ambition, le gouvernement se serait bien gardé d'en faire son candidat officiel; car la Cour ne demande pas à ses députés d'être des gens d'éducation, capables de donner un bon conseil, et assez consciencieux pour s'opposer à une politique imprudente; elle veut tout simplement avoir sous la main des machines à voter, sachant crier : « Oui, oui ! » à chaque proposition officielle, qu'elle soit bonne ou mauvaise, sensée ou absurde. Vous direz que la Cour a tort; c'est aussi mon opinion, mais tant pis pour la Cour. Aucune dynastie ne s'est fondée avec l'aide d'hommes comme M. Pavé de l'Ours, et c'est pour avoir eu trop de partisans de cet acabit que Louis-Philippe est mort du mauvais côté de la Manche, en l'an de grâce 1850. »

Ainsi parle — ou parlerait — le Parisien; mais il est inutile d'observer que toute remarque faite par un Parisien au sujet de M. Pavé de l'Ours doit être prise *cum grano*. Les Parisiens sont de race frivole, et il est certain qu'ils entretiennent un préjugé contre les hommes qui sont gras, qui vendent des peaux de lapin, et qui sont candidats du gouvernement. Si l'on veut savoir la vérité vraie sur M. Pavé de l'Ours, on ne peut faire mieux, après tout, que de la demander au *Journal officiel*. Or, la semaine dernière, cette estimable feuille en parlait comme suit :

« Nous sommes heureux d'annoncer qu'aux prochaines élections M. Pavé de l'Ours se présentera dans la quatrième circonscription de la Somme comme candidat officiel. Les sentiments éclairés et dévoués de M. Pavé de l'Ours, sa haute impartialité, son désintéressement bien connu, et sa profonde expérience en tout ce qui touche nos mœurs parlementaires le recommandent suffisamment aux suffrages de ses concitoyens. »

On dit dans le département que le succès de M. Pavé n'est pas douteux. Il faut bien l'espérer.

VII

LE DÉPUTÉ DE L'OPPOSITION.

Les élections générales de 1863 resteront longtemps dans la mémoire des impérialistes et des libéraux. Aucun de ceux qui s'occupent un peu de politique n'oubliera aisément cette grande lutte dans laquelle l'opposition enleva au gouvernement les neuf circonscriptions de Paris et gagna des députés à Marseille, à Lyon, à Nantes, au Havre. L'opposition avait essuyé une défaite, il est vrai, mais quelle défaite! « Encore une pareille victoire, disait Pyrrhus, et je rentre chez moi sans soldats. » Les Tuileries étaient d'humeur exécrable. Les organes officieux avaient beau remarquer que des 283 siéges le gouvernement en avait gardé 260; cet argument, qui eût été écrasant partout ailleurs, était sans valeur sous les institutions impériales. Les vingt et quelques circonscriptions qui avaient voté pour l'opposition étaient les plus intelligentes de l'Empire et presque les seules où le vote eût été libre; des 260 élections gouvernementales, au contraire, 200 au moins avaient été obtenues d'électeurs ruraux qui, entre M. le curé et M. le maire, n'avaient eu de liberté que ce qu'il en faut pour voter comme on leur disait. Les soixante autres avaient été gagnées par la popularité personnelle des candidats officiels, comme dans le cas de MM. de Morny, Schneider et un ou deux autres, ou arrachées à l'opposition après un combat désespéré, comme à Bordeaux, à Toulon et dans l'une des circonscriptions de Marseille. La morale de ces chiffres est tout simplement celle-ci : « La force du gouvernement provient de la pression administrative, et chaque fois qu'il combat avec l'opposition à armes égales, il est à peu près sûr d'être battu. »

L'empereur, qui n'est pas sans commettre de grosses sottises de temps à autre, accepta publiquement cette interprétation du vote en recevant la démission de M. de Persigny, le ministre de l'intérieur. Cette façon d'agir était une erreur considérable, car elle prouvait trois choses qu'il aurait infiniment mieux valu, dans l'intérêt de la dynastie, ne pas prouver du tout : *primo*, que le gouvernement s'avouait battu ; *secundo*, qu'il ne croyait pas en sa popularité, mais ne comptait que sur la corruption et l'intimidation pour se gagner une majorité ; et, *tertio*, que l'empereur n'avait songé qu'à mystifier ses sujets quand il leur disait, quelques années auparavant (novembre 1860), que le gouvernement voulait un contrôle efficace, et espérait que ce contrôle serait sérieusement exercé par les Chambres.

De toutes façons, les élections de 1863 furent donc un triomphe pour l'opposition et les libéraux, qui, n'ayant eu qu'un seul représentant aux élections de 1852, et cinq à celles de 1857, se sentirent plus forts et se prirent à espérer que l'avenir leur réservait des jours meilleurs.

Parmi ceux qui avaient d'excellentes raisons pour se féliciter du résultat de ces journées, était un M. Gustave Clochet, qui avait posé sa candidature dans une ville de province, sans la moindre chance de succès, et dont le nom était sorti, on ne sait pourquoi, de l'urne avec quelques milliers de voix de majorité. Peut-être était-ce que les habitants de Bombeville détestaient le candidat officiel; peut-être était-ce qu'ils voulaient se débarrasser de leur maire qui s'était rendu désagréable en mainte occasion; peut-être enfin était-ce qu'ils aimaient M. Gustave Clochet et la façon aisée dont il traitait les choses, comme s'il n'eût pas daigné lever un doigt pour faire réussir sa candidature. Cette dernière supposition est, du reste, de beaucoup la moins probable, car les gens de Bombeville ont une très-bonne opinion d'eux-mêmes, et auraient sans doute préféré que M. Clochet eût mis un peu plus de zèle à solliciter leurs suffrages, et ne se fût pas pris à rire avec un si répréhensible sans-gêne, quand l'adjoint du maire vint lui dire d'un air navré qu'il avait été élu député. En arrivant au ministère de l'intérieur, la nouvelle de l'élection de M. Clochet causa un certain émoi. La conclusion officielle qu'on en tira fut que le préfet s'était cru trop sûr de son département et ne l'avait pas assez « manipulé » préalablement. C'est pourquoi on découvrit, peu après cet événement, que le moment était venu pour ce fonctionnaire de prendre sa pension de retraite, et la chose lui fut annoncée par une lettre charmante, dans laquelle le ministre lui disait combien l'empereur serait désolé de se trouver privé de ses services et combien le pays regretterait de le perdre. (*N. B.* Le pays regrette toujours la perte d'un préfet qui s'est laissé battre à une élection.)

Cependant, les habitants de Bombeville, ayant choisi un député que fort peu d'entre eux connaissaient, eurent bientôt quelque curiosité de savoir quel air il avait. Une fois le résultat de l'élection proclamé, un groupe d'électeurs s'assembla devant la porte de l'hôtel de M. Clochet, essayant de l'apercevoir. On sait que les nouveaux élus, surtout s'ils appartiennent à l'opposition, n'ont guère l'habitude de haranguer la foule de leur balcon. La raison en est probablement que les libéraux auraient trop à dire tandis que les impérialistes ne sauraient de quoi parler. Néanmoins, M. Gustave Clochet était si fort amusé de ce qui venait de lui arriver, qu'il se sentit le désir de faire part de n'importe quoi à n'importe qui, et, s'échappant par une porte de derrière, il se rendit à la préfecture dans l'intention d'y prononcer un discours quelconque. Mais il fut saisi d'un second accès de rire irrésistible en voyant l'attitude démoralisée de tous les fonctionnaires qui, depuis le préfet (ce monsieur prévoyait sans doute déjà que le pays n'aurait prochainement plus besoin de ses services) jusqu'au sergent de ville, se regardaient avec l'air de gens qui ont pris médecine.

C'est une maxime de la France impériale, qu'il faut être poli avec ses adversaires — victorieux. Le jour précédent, M. Gustave Clochet avait lu dans la feuille préfectorale de Bombeville un article très-violent à son endroit. L'écrivain le comparait à Belzébuth, et faisait un terrifiant tableau des maux qui ne manqueraient pas d'accabler la cité, si on ne l'en expulsait le plus tôt possible. En voyant cette description, M. Clochet avait haussé les épaules, mais il n'était pas sans avoir une certaine appréhension de la manière dont il serait reçu; il se disait qu'il conviendrait peu à sa nouvelle dignité d'être accueilli comme Belzébuth ou jeté par la fenêtre. Mais cette crainte était puérile. Le préfet, à sa vue, réprima le dixième soupir qu'il était en train de pousser depuis dix minutes, et s'efforça de prendre un air gai. Le maire cessa de brosser son chapeau à rebours avec sa manche, occupation qu'il poursuivait depuis un grand quart d'heure avec une gravité attristée, et les deux sous-préfets eux-mêmes, qui voyaient se briser toutes leurs espérances d'avancement, se préparèrent à dire quelque chose d'aimable et n'y réussirent pas trop mal. Seul, le candidat officiel ne sut pas supporter la défaite avec le stoïcisme voulu. Ce monsieur avait représenté Bombeville pendant onze ans. Il avait été élu déjà en 1852, alors que les fumées du coup d'État n'étaient pas encore toutes dissipées et que le peuple, commençant à considérer la liberté comme une erreur, ne voyait de salut que dans un gouvernement à responsabilité limitée. Il était un fort aimable homme, ce candidat officiel. C'était lui qui avait donné le buste en marbre de l'empereur à l'hôtel de ville, le buste en grès de l'impératrice à l'hôpital du cercle, et le buste en bronze du prince impérial à l'école de la commune; lui encore, qui avait fait graver une aigle gigantesque sur le portail de la halle aux blés, montrant ainsi, en mainte occasion, sa générosité et la richesse de son imagination. Chaque année, avec la régularité d'un phénomène astronomique, on le voyait arriver à Bombeville pour présider au banquet du 15 août. Tous les cœurs étaient émus quand, la coupe à la main, il se levait pour boire « à la gloire immortelle et toujours renaissante des Napoléons! » On raconte — mais il ne faut pas trop croire à cette histoire mise en circulation par un journaliste de l'opposition, ces gens-là ne respectent rien, — on raconte que M. de Bois-Réglisse fut un jour emporté si loin par son zèle dynastique qu'il bondit sur la table, comme il avait vu des Écossais le faire à Londres « au banquet des *highlanders* » et, brisant du pied le bol à punch, s'écria : « ὡς ἀπόλοιτο καὶ ἄλλος. Ainsi périsse quiconque mettra sa tête sous le talon de notre souverain. »

Pendant les onze ans qu'il représenta Bombeville, M. de Bois-Réglisse vota invariablement

« en faveur de la paix et de la richesse publique », ce qui est une autre façon de dire qu'il vota pour les expéditions de Crimée, d'Italie, de Chine et du Mexique, et appuya chaque année les augmentations d'impôts proposées par le gouvernement. Dans ces circonstances, il ne faut pas s'étonner qu'il déplorât l'ingratitude de ses commettants et qu'il en fît la remarque en termes de solennel découragement. Il fut d'ailleurs très-modéré dans ses expressions.

Ce n'était pas pour lui, dit-il, qu'il regrettait le résultat de cette élection, mais bien pour Bombeville elle-même, qui avait témoigné d'un singulier mépris envers ses propres intérêts par la nomination de M. Clochet, un homme qui ne lui donnerait sans doute ni bustes, ni aigles, et qui même s'efforcerait de détruire ceux qu'elle possédait déjà. Ici M. de Bois-Réglisse se sentit obligé de déclarer qu'en choisissant M. Clochet, Bombeville n'avait suivi que sa propre inspiration, et que, si ce législateur passait son temps à briser les têtes de bronze, de grès et de marbre des bustes impériaux pour en préparer des balles aux révolutions à venir, il ne pouvait que s'en laver les mains, étant dégagé de toute responsabilité personnelle.

Ce discours remarquable fit quelque bruit en ville. On ne savait rien de M. Gustave Clochet, sinon qu'il était connu à Paris. Les gens avaient voté pour lui sans trop se demander pourquoi. Ils voulaient un changement; M. de Bois-Réglisse et ses aigles devenaient monotones. En outre, comme je l'ai déjà dit, la pression administrative s'était relâchée dans la circonscription; et, s'il fallait encore d'autres raisons, quelques-uns prétendent que le clergé avait mis *sub rosâ* son influence au service de M. Clochet, non par amour pour lui, mais afin de punir M. de Bois-Réglisse qui lui avait promis un nouveau sanctuaire, aux élections de 1857, et ne s'en était jamais souvenu plus tard, malgré les fréquentes et discrètes allusions qui lui furent faites. Les choses étant telles, on crut nécessaire, après l'élection, de s'informer un peu plus exactement des antécédents du nouveau député. Ceux qui avaient voté pour lui découvrirent bientôt qu'il avait quarante ans, qu'il était Parisien de naissance, avocat de profession, auteur et journaliste par goût, libre penseur, célibataire et républicain de conviction. Ce dernier point ne fut pas un encouragement pour certains timides qui avaient pris M. Clochet un peu chat en poche, à moitié pour le charme de sa voix de baryton (*cogentibus uxoribus*), à moitié pour le *chic* de sa délicieuse circulaire, dans laquelle du reste il s'était bien gardé de dire un mot sur la république. Quelques bonnes gens allèrent le voir et lui demander plaintivement, s'il ne pourrait pas cacher son drapeau rouge sous son habit pendant quelques années et se résoudre à ne voter pour l'extermination de personne. Ils étaient une douzaine qui lui firent cette requête, pendant qu'il bouclait ses malles. Il s'arrêta dans sa besogne et, quelques faux-cols de chemise dans une main, un gilet de flanelle dans l'autre, il protesta avec tant de ferveur contre toute intention destructive de sa part, que ses auditeurs se sentirent quelque peu rassurés et se confondirent en excuses. Alors il se prit à rire — ce qui lui arrivait d'ordinaire toutes les deux minutes — et, offrant à chacun une chaise, un cigare et un verre d'absinthe, il commença une dissertation sur le républicanisme, sujet qu'il ne connaissait pas mieux que ses électeurs, et sur lequel dès lors ils n'eurent pas de peine à s'entendre. Ils se séparèrent dans les meilleurs termes; seul, un citoyen d'humeur grogneuse remarqua, lorsqu'ils eurent pris congé (il y a toujours un citoyen d'humeur grogneuse qui remarque quelque chose, en cas pareil), que M. Clochet était un fort aimable homme pour le moment (lisez : aussi longtemps que nous avons un Napoléon pour le mettre à l'ordre), mais qu'à l'heure d'une révolution son habitude de rire de tout ne présageait rien de bon.

Vingt minutes plus tard, deux prêtres se présentèrent. Ils espéraient que M. Clochet voudrait bien se souvenir qu'il devait en grande partie son élection au clergé, et que l'Église était une vénérable institution à laquelle il serait dangereux, même pour un républicain, de vouloir s'attaquer. Le nouveau député répondit qu'il avait toujours entretenu une grande affection — platonique — à l'égard des choses ecclésiastiques, et offrit 500 francs pour la construction d'un nouveau clocher.

Six années se sont écoulées aujourd'hui depuis ce grand jour, et M. Clochet représente encore Bombeville. Il est assez populaire parmi ses électeurs, qui ne reçoivent de lui ni aigles, ni bustes, mais qui ont quelque plaisir à lire les discours qu'il fait au Corps législatif. Il siége naturellement à la gauche du président, quelque part entre MM. Jules Favre, Carnot, Garnier Pagès et Ernest Picard. Sa tactique est fort simple et franche. Il attaque tout ce que le gouvernement fait ou dit, sans se demander si ce qu'il combat est utile ou mauvais. A cet égard, il s'est mis en règle avec sa conscience, une fois pour toutes, en posant comme axiome que le gouvernement est incapable de rien faire de bon et que, lorsqu'une loi d'apparence libérale est présentée aux Chambres, elle renferme toujours quelque piége caché, qu'on démasque le jour même de la votation. C'est pourquoi je n'ai pas cru nécessaire de m'étendre outre mesure sur les traits saillants du caractère de M. Clochet. Il est un Français de la classe dont le nom est légion. A chaque pas on rencontre ses semblables. Ils appartiennent aux produits les plus caractéristiques du second Empire, car, s'ils existaient sous les régimes précédents, ils ne furent jamais aussi nombreux, ni aussi singulièrement factieux qu'aujourd'hui. Ils censurent et se raillent pour le plaisir qu'ils y trouvent plus que pour le bien qui peut en résulter. Ils sont assez bien représentés dans le Corps législatif, où ils constituent une escouade de brillants francs-tireurs. Ils n'ont ni organisation, ni chef. Quand on leur demande pourquoi ils ne choisissent pas un porte-drapeau qui fasse d'eux un parti, ils répondent qu'ils sont trop peu nombreux : mais la véritable raison en est que, s'ils essayaient de nommer un chef, chacun d'eux voterait probablement pour lui-même, plutôt parce qu'il lui répugne d'obéir que parce qu'il lui plaît de commander. Quant à leurs espérances, aucun d'eux ne paraît bien sûr de son fait, aucun d'eux ne sachant exactement ce qu'il espère. S'ils arrivaient au pouvoir demain, ils ne sauraient que répéter l'erreur de 1848, c'est-à-dire : former un gouvernement d'hommes très-distingués, mais tous à couteaux tirés les uns contre les autres. M. Gustave Clochet m'assure pourtant que lui et ses amis n'ont pas été inutiles pendant ces six années. Leurs discours et leurs écrits ont rendu à la nation le goût des choses politiques et l'habitude de suivre avec intérêt et plaisir tous les grands débats parlementaires. « C'est avoir fait un grand pas, ajoute-t-il, si vous vous rappelez la torpeur qui nous enveloppait, il y a quelques années. Les élections prochaines vous prouveront ce que j'avance. Vous verrez que le nombre des députés de l'opposition sera au moins triplé. Nous serons de cinquante à soixante libéraux décidés à la Chambre[1], et alors... »

— Eh bien, alors?

— Eh bien, parbleu, nous serons un parti et nous aurons une politique.

— Bonne chance donc, monsieur Clochet, lui dis-je, qui vivra verra. »

1. Il faut remarquer qu'aux élections générales de 1869, la prédiction de M. Clochet se trouva réalisée; le nombre des libéraux avoués qui furent élus était exactement de cinquante-sept.

VIII

LE DÉPUTÉ DU TIERS-PARTI.

J'habite la même maison que M. Ernest Olive, un des membres du Corps législatif. C'est un homme mince et délicat, avec une figure pâle, un front intelligent, et sur le nez une paire de lunettes montées en or qui le font paraître infiniment plus vieux qu'il n'est. On n'a jamais exactement su pourquoi il porte ces lunettes; cependant, comme il y a toujours deux manières d'expliquer les choses, d'aucuns prétendent que c'est moins parce qu'il voit mal que parce qu'il voit loin.

Au premier abord, cette façon d'envisager le

phénomène ne semble pas très-claire, mais il est aisé d'en fournir l'interprétation. Dans certaines professions un homme peut être jeune impunément, dans d'autres il n'en a pas le droit. Parmi les premières se rangent les professions navales et militaires, ainsi que l'honorable vocation de boxeur. Sur ces trois sentiers de la vie sociale, la jeunesse n'est pas un inconvénient majeur; il arrive même qu'on regarde comme avantageux d'avoir des têtes blondes et noires à opposer à l'ennemi, au lieu de têtes blanches. Mais dans la profession de docteur, par exemple, ou dans celle de prêtre confesseur, ou dans celle de conseiller intime, ou encore dans celle d'aspirant homme d'État, à laquelle appartient M. Ernest Olive, la chose est différente. Le public n'a pas confiance en un jeune docteur, il a moins encore confiance en un jeune confesseur, et moins encore, si possible, en un jeune homme d'État. M. Ernest Olive — on le prétend du moins — connaît très-bien ce détail.

A sa première élection au Corps législatif, en 1857, un journaliste indiscret lui demanda ce qu'il voulait devenir.

« Je n'aspire à rien, » dit Ernest Olive.

« Le vrai moyen d'arriver à tout, répondit le journaliste ; mais enfin, en cas de révolution, je suppose, si vos amis du faubourg Saint-Antoine et du quartier Mouffetard enfonçaient les Tuileries, quelle serait votre part dans le partage des dépouilles ? »

M. Ernest Olive était sur le point de faire une de ces nobles répliques où le patriotisme et le désintéressement vont si bien de compagnie, quand, par bonheur, il se souvint que son ami, ayant vieilli dans la sténographie, devait avoir entendu quelque chose d'analogue auparavant ; il répondit donc avec un demi-sourire que, dans le cas d'une révolution, il entendait devenir un ministre.

« Eh ! fit l'ami, dans ce cas priez le ciel de retarder la révolution ou de blanchir votre tête et d'affaiblir votre vue d'ici-là ; vous n'obtiendrez jamais un portefeuille dans ce pays avant d'avoir pris un air caduc.

— Allons donc ! s'écria M. Ernest Olive, je ne vois pas ce que l'âge peut faire dans la question ; Napoléon et Pitt étaient tous deux des jeunes gens. »

« Oui, répondit le journaliste qui, comme

tous les amis, ne laissait jamais passer l'occasion de dire quelque chose de désagréable, mais vous n'êtes pas Pitt et vous n'êtes pas Napoléon, voilà où gît la différence. »

La conversation s'arrêta ici, le journaliste riant dans sa barbe, comme s'il eût dit quelque bon mot, et M. Ernest Olive agitant la tête d'un air mystérieux, comme s'il y avait en lui plus que son ami ne voulait en convenir. Les années s'écoulèrent. Cette causerie avait lieu en 1857, peu de temps après les élections générales. M. Ernest Olive faisait partie de la minorité des cinq — cinq libéraux pour deux cent soixante impérialistes. A ce moment, les chances semblaient bien faibles en faveur d'une révolution ou d'un portefeuille pour M. Olive; aussi portait-il son air jeune avec une bonne grâce voisine du stoïcisme, et il semblait assez peu affligé quand les femmes l'appelaient un « joli garçon » et les hommes un « heureux fripon ». Cependant, certains plaisants prétendent que sa conversation avec le journaliste ne sortit pas de son esprit. Le fait est qu'en 1865, lorsque le bruit courut à Paris que M. Olive avait déserté l'opposition et qu'il serait probablement récompensé de cet acte de vaillance par un fauteuil au Cabinet, ledit M. Olive surprit la galerie en apparaissant un jour, le nez muni d'une paire de lunettes montées en or, le crâne orné d'un bonnet de soie noire, et le corps vêtu d'un habit de forme antique que personne ne lui avait vu jusque-là. C'était de la part de M. Olive une erreur de jugement. Ses compatriotes lui auraient facilement pardonné d'avoir déserté l'opposition; ils sont faits à ces sortes d'évolutions et n'y attachent pas grande importance. Mais il était impossible de pardonner même une peccadille à un homme dont le chef se trouvait tout à coup revêtu d'un bonnet, comme s'il fût affecté d'un rhume de cerveau chronique. M. Olive, qui n'était pas un imbécile et avait en lui l'étoffe nécessaire pour faire un homme d'État de force moyenne, devint par ce fait ridicule; or on sait ce que ce mot signifie à Paris.

Pourquoi M. Ernest Olive abandonna-t-il l'opposition? Il était bien où il était. Sous la République, il s'était rendu presque célèbre. Membre de la Constituante et de l'Assemblée nationale, il avait fait de remarquables discours que ni lui ni ses auditeurs n'avaient entièrement compris, mais que des juges compétents avaient déclarés très-beaux et très-éloquents. Le jour du coup d'État, M. Olive était l'un de ces courageux députés qui se réunirent, dans un bâtiment situé près du Palais-Bourbon, pour décréter la destitution de Louis-Napoléon. Lorsque les soldats envahirent le local où ils étaient assemblés, M. Olive refusa de s'échapper par les fenêtres, comme firent plusieurs de ses collègues; il se mit à discuter gravement et éloquemment avec les gendarmes qui l'arrêtaient, et s'il ne réussit pas à convertir ces fonctionnaires au républicanisme, c'est probablement parce que le fiacre qui l'emmenait arriva devant la porte de Mazas avant qu'il eût terminé son argumentation. En sortant de prison, M. Olive protesta formellement contre ce qui s'était passé et envoya un exemplaire de sa protestation à tous les rédacteurs de journaux, qui refusèrent unanimement de l'insérer. Je n'ai jamais cru que ce refus pût provenir du fait que le factum de M. Olive aurait occupé cinq colonnes en petits caractères, je préfère l'attribuer à une sage considération pour les nouvelles lois sur la presse. Le susdit document comprenait le projet original d'une « Constitution universelle » qui n'aurait pas trouvé grâce devant les autorités, quoique, suivant la déclaration de l'auteur, il ne pût pas y avoir de danger dans un projet basé sur l'hypothèse que tous les hommes sont généreux et désintéressés, et que tout ce qui ressemble à la cupidité, au mensonge et à la malignité disparaîtra de la terre aussitôt après la proclamation de cette nouvelle Constitution.

Quelques semaines plus tard, M. Olive renouvela connaissance avec M. de Morny. Tous deux s'étaient rencontrés dans une maison du faubourg Saint-Honoré, un soir de réception. Au moment où M. de Morny passait, M. Olive se redressa, et le regarda comme Tell doit avoir regardé Gessler.

« Mon cher, dit le comte (il n'était pas encore duc), il faut que vous nous pardonniez de vous avoir mis sous verrous, vous savez : on n'enchaîne que ceux que l'on craint. »

Malgré ses efforts pour paraître indifférent, M. Olive rougit de plaisir à ce compliment.

M. de Morny, qui savait trouver le point faible de tout le monde, eut un charmant sourire et ajouta : « Si jamais les choses viennent à changer (et qui sait, mon Dieu, dans les temps où nous vivons!), j'espère que vous en ferez tout autant avec moi, autrement je devrais croire que vous me tenez pour rien. »

Cependant, M. Olive n'était pas homme à se laisser ébranler dans ses convictions républicaines par le plus ingénieux des compliments. Preuve en soient les élections de 1857, où il crut de son devoir de représenter les opinions extrêmes, et se donna pour un radical du plus beau teint. Mais enfin M. Ernest Olive, n'étant pas de nature ingrate, ne pouvait s'empêcher de vouloir quelque bien à M. de Morny qui lui prodiguait l'encens à chaque rencontre. De 1857 à 1863, M. Olive resta fidèle à ses principes. Lui et trois ou quatre de ses amis, qui représentaient tout le libéralisme du Corps législatif, plaidèrent avec une persévérance infatigable et une sainte ardeur la cause des libertés perdues. Ils formaient un petit groupe d'illustres et vaillants lutteurs, parmi lesquels Ernest Olive brillait au premier rang.

Jules Favre a la voix et le port d'un Gracchus. Il tonne. Sa force grande réside dans l'invective. Quand il est debout, ses cheveux en désordre, sa barbe grise frémissante, sa main gauche profondément ensevelie dans sa poche, il ne reste pas longtemps dans les limites qu'il essaye de se fixer. Son honnête indignation le domine ; il devient terrible et jette à l'Assemblée des paroles sanglantes, qui font courir comme un frisson dans les galeries et tressaillir les ministres sur leurs bancs.

Ernest Picard, le second orateur républicain, élu en 1857, est un bel esprit. C'est un Français pur sang, traitant tous les sujets en se raillant, et heureux surtout quand il peut interrompre un ministre ou un de ces impérialistes ardents comme MM. Panier de Cosaque, Jénelong, ou Jérôme Rabid. Il sait mettre les rieurs de son côté, et M. Rouher lui-même a si peur de son ironie, qu'il commet parfois l'imprudence de le laisser voir.

M. Ernest Olive, au contraire, ne va chercher ni les grands effets, ni les pointes incisives ; il est un véritable orateur, parlant en homme cultivé et comme il faut. Sa voix est singulièrement sympathique ; son langage élégant, net, soutient des arguments qui sont souvent de véritables inspirations. Pendant les six premières années qu'il a passées au Corps législatif, il s'est acquis une popularité que personne ne peut lui contester; en 1863, il a été réélu par une écrasante majorité, comme s'il ne se pouvait pas faire autrement. Pourquoi, au nom de tout ce qui s'appelle bon sens, pourquoi M. Olive s'avisa-t-il jamais de déserter cette opposition qui fut son berceau, où sa position était si digne d'envie, où ses espérances d'avenir se montraient si brillantes?

Il faut bien l'avouer, les meilleurs d'entre nous ont leurs points faibles, et le point faible de M. Ernest Olive est sa propre personne. Ses discours seraient sans reproches, n'était cet infortuné pronom personnel « Moi », qui revient à chaque minute, comme un billet blanc dans une roue de loterie, et donne à ses ennemis un point d'appui pour le surprendre, pour le duper, et finalement pour se moquer de lui. M. Ernest Olive est vaniteux, et, à l'exemple de tous les vaniteux, il a ses moments de folie, ou plutôt il agit parfois comme s'il était fou.

Chose curieuse que de voir les hommes commettre parfois, au nom de la vanité, les choses les plus absurdes et les plus déraisonnables. La vanité de M. Olive lui fera manquer la plus belle carrière à laquelle un homme puisse aspirer. S'il s'en était tenu à sa première voie, il serait bientôt devenu le chef incontesté de l'opposition. Son libéralisme éclairé (quoique trop philanthropique) eût rallié autour de lui tous les hommes qui craignent les opinions extrêmes. Le temps lui eût donné l'expérience des choses parlementaires; sous sa direction son parti serait devenu puissant et, quelque jour, on l'aurait vu prendre la direction du ministère, non pas pour obéir à un maître despotique, mais pour dicter ses conditions, pour imposer sa politique, pour restituer, en un mot, à son pays les institutions du gouvernement constitutionnel. Mais M. Olive commit l'erreur de croire que les hommes le suivraient à cause de lui-même, non pas à cause de ses opinions. Il fit la faute de vouloir constituer un parti *ex abrupto,* au lieu de le laisser se former tout naturellement autour de lui. Enfin il se laissa dominer par un sentiment enfantin : l'impatience, —

impatience de faire les choses avant leur temps, impatience de devenir le chef du parti libéral avant qu'il y eût, en réalité, un parti libéral. Il faut ajouter cependant que son ambition n'avait rien de sordide ni d'indigne. On a reproché à M. Ernest Olive d'avoir fait peau neuve pour obtenir un portefeuille. Cette assertion est absurde, et ceux qui l'ont mise en circulation ne connaissent rien à la nature humaine. M. Olive est trop vaniteux pour attacher beaucoup de prix au pouvoir en tant que pouvoir. Ce sont des applaudissements qu'il veut. Il a soif de savoir son nom sur toutes les lèvres, — d'être quelqu'un, — le sujet de toutes les conversations, — l'homme le plus populaire en France. La vanité fut donc, en somme, le levier qui transporta M. Ernest Olive des bancs de l'opposition sur ceux du gouvernement, et l'homme qui mit en œuvre ce levier fut M. de Morny avec son flacon d'encens susmentionné. Pour M. de Morny, Ernest Olive était un livre ouvert. Il savait bien qu'il perdrait sa peine en offrant à un pareil homme une place dans le cabinet, même celle de premier ministre. M. Olive était au-dessus de la corruption et aurait repoussé une offre semblable avec mépris. Mais autre chose était d'apporter à M. Olive un petit message venant des Tuileries : « La Cour a lu vos discours, mon cher Olive, et l'empereur les apprécie hautement. Sur presque tous les points, il pense comme vous et vous remercie d'avoir si bien su traduire de si saines idées. » Ou ceci encore : « Mon cher monsieur Olive, l'empereur parti en voyage pour l'Algérie et l'impératrice régente serait heureuse d'avoir une petite causerie intime avec vous au sujet de quelques nouvelles réformes. Voulez-vous aller dîner avec elle à sept heures? » C'était toucher le pauvre Olive à la place sensible. Il oubliait tout doucement son projet de constitution » originale et universelle ». Il lui paraissait que la conciliation fût la seule vraie politique. Il se disait que, si la Cour était prête à faire des concessions, il ne pouvait guère se mettre en reste avec elle, et c'est ainsi qu'un beau soir M. Ernest Olive, s'étant pris à rêver une fusion entre l'impérialisme et le républicanisme, se transporta place du Carrousel et se présenta devant S. M. l'empereur, espérant que cette entrevue resterait chose absolument privée et que personne n'en aurait vent.

Par malheur il n'est pas dans la nature de ces entrevues de rester absolument privées. Quand M. Olive apparut le lendemain à la Chambre avec un bonnet de soie sur sa tête, tout comme Rouher, chacun pensa qu'il adoptait la coiffure du ministre pour être mieux prêt à prendre sa place. Ses amis de l'opposition l'abandonnèrent plus complétement encore qu'il ne les avait abandonnés. Les journaux du parti libéral se moquèrent de lui. Quelques-uns le chargèrent de malédictions. Dans tous les cafés des boulevards son nom était prononcé avec un mépris mal déguisé et, à l'exception du versatile Émile de Girardin, personne ne prit son parti dans la presse. Vis-à-vis des impérialistes, sa position était encore plus fâcheuse. Les feuilles officieuses, inspirées par les ministres qui le considéraient comme un rival, en faisaient un loup caché sous une peau de brebis. A la Chambre, les ultra-conservateurs évitaient un homme venu pour détrôner leurs idoles chéries : Rouher, Baroche et Cie. Il était donc seul, positivement seul « chef du tiers-parti », comme il voulait être appelé, ou plutôt, pour être exact, « chef sans parti », — général sans soldats. L'apparence tortueuse de sa tactique avait éloigné jusqu'aux conservateurs modérés comme MM. Buffet, Talhouet, Pouyer-Quertier, Favre, etc., qui craignaient de s'associer avec lui. Cependant Ernest Olive supporta bravement l'hostilité. Il eut même alors quelques belles inspirations. Quand il s'aperçut, mais un peu tard, qu'il avait été pris au piége et qu'il s'était imprudemment confié à une cour qui n'avait pas l'intention de tenir la moitié de ce qu'elle promettait, il fut assez consciencieux pour refuser toute place officielle. M. Rouher et ses amis sont restés au pouvoir, et les officieux se sont vengés de la panique que M. Olive leur a causée en le calomniant à tout propos.

M. Olive siége toujours seul, trop honnête pour passer à la droite, où il trouverait pourtant honneurs et émoluments, trop fier — non, trop vain — pour revenir à la gauche, vers laquelle ses convictions le poussent indubitablement. On dit qu'aux prochaines élections, il ne sera pas renvoyé à la Chambre. J'espère qu'il n'en est rien, car, pour peu qu'il parvînt à extirper de sa tête son pronom personnel, il compterait certainement parmi les législateurs les plus sérieux et les plus habiles de France[1].

1. La suite n'a pas donné tort à notre opinion, car, quand M. E. Olive devint premier ministre, c'était encore son pronom personnel qui le poussait. L'empereur était venu à lui, il n'était pas allé à l'empereur, et il concluait de ce fait qu'il pourrait faire de « l'homme de décembre » son obéissant instrument. Résultats de cette erreur : huit mois d'office pendant lesquels il joua un rôle de dupe, et catastrophe de la déclaration de guerre de 1870, dont la Cour sut faire retomber presque toute la responsabilité sur M. Olive, qui en était parfaitement innocent. Qu'on me permette de raconter ici une anecdote peu connue, mais tout à fait digne de foi :

La veille du jour (19 juillet, 1870), où la déclaration de guerre fut signée, M. Olive recevait dans les salons du ministère. Il paraissait très-découragé, et dit à deux de ses hôtes : « Je désapprouve cette guerre qui a été conçue sans ma sanction, je donnerai demain ma démission, bien que je sache combien elle me rendra impopulaire. Mais je ne puis pas signer une déclaration que ma conscience condamne. » Ses deux hôtes lui saisirent la main avec respect; mais, le lendemain matin, au lieu de la démission de M. E. Olive, ils trouvèrent dans les journaux le texte de la déclaration de guerre avec sa signature précédant celles des autres ministres! Une fois de plus M. Olive avait cédé devant la crainte de se rendre impopulaire. S'il avait pu prévoir Sedan, il serait, à l'heure où j'écris, l'homme le plus populaire de France, et peut-être président de la république. Hélas! quand savons-nous prévoir?

(*Note de l'Auteur.*)

IX

LE MINISTRE QUI PARLE.

Il y a, quelque part dans les Champs-Élysées, pas très-loin de l'arc de triomphe, une maison de royale apparence. Elle est toute neuve encore et s'élève solitaire, imposante, entre une pelouse splendide et un jardin princier; le tout a coûté, disent les oisifs, la bagatelle de quinze millions. Les passants qui vont au bois de Boulogne s'arrêtent pour contempler ce palais, et chacun sait quel en est l'heureux propriétaire, Son Excellence M. Bascule, l'un des ministres du cabinet impérial.

Dans sa jeunesse, M. Bascule — Eugène Bascule comme on l'appelait alors — était un étudiant indiscipliné et sauvage d'une petite université de Provence; il donnait à lui seul plus de fil à retordre à la police locale que tous ses camarades réunis. C'est lui qui s'en allait déchirer nuitamment les affiches apposées devant la mairie; lui qui ornait de notes marginales fort irrévérencieuses les encycliques de Sa Sainteté le pape collées sur les murs de la cathédrale; lui qui revêtait les statues municipales de coiffures absurdes; lui encore qui se faisait un plaisir toujours nouveau de chanter la *Marseillaise* sous les oreilles du maire, chaque fois qu'il pouvait le faire avec quelque chance d'être désagréable à ce fonctionnaire et de s'en tirer lui-même sans inconvénients.

Son père prophétisait qu'il finirait mal. « Il est heureux pour toi, lui disait-il, que nous vivions sous le règne d'un prince comme Louis-Philippe; si jamais nous retombons sous un Napoléon ou sous un Bourbon, tu pourras voir où mène ton incorrigible sottise. » A quoi Eugène répondait avec conviction que » les jours des Napoléons et des Bourbons étaient passés, que l'avenir de la

France ne pouvait être que républicain, et que quelque moderne Harmodius se lèverait sans doute, avant qu'il soit longtemps, pour débarrasser le pays du dernier de ses Pisistrates. »

Le gamin raisonnait juste : au lieu d'un Harmodius, il s'en trouva plusieurs, en temps voulu, et le dernier des Pisistrates, comme le prévoyait Eugène, prit le chemin de la frontière. Mais, à cette époque, M. Bascule ne s'adonnait plus à la *Marseillaise;* il était membre de la chambre des députés, et on prétend même qu'il maudit amèrement les Harmodius ci-dessus mentionnés pour s'être mêlés des affaires du dernier des tyrans. Sa place à la Chambre était quelque part au centre, en face du président, M. Dupin. Il était un conservateur libéral, pour se servir de sa propre expression, ce qui veut dire qu'il flottait entre M. Guizot et M. Thiers, sans prendre le mot d'ordre de l'un, ni celui de l'autre. La révolution l'ennuya considérablement parce qu'il n'avait pas su la prévoir. L'événement le trouva exactement dans la position d'un homme qui serait obligé de partir immédiatement pour un long voyage sans s'y être le moins du monde préparé. Entre le 24 et le 25 février, M. Bascule fut obligé d'aller cent fois plus loin sur le chemin du libéralisme qu'il ne l'aurait jamais cru possible, et cela sans aucun bagage à prendre avec lui en matière d'opinions. Il avait bien quelques vieilles professions de foi, oubliées dans ses poches; mais celles qui eussent paru pimpantes le 20 n'étaient plus de mode le 25. Quand il voulut parler de réformes, on lui annonça que le suffrage universel allait être établi. Quand il parla d'une réduction des droits d'exportation, on lui répondit sèchement que ces droits et plusieurs autres devaient être abolis. Enfin, quand il en vint à discourir sur les innovations sociales, on lui présenta un court programme qui comprenait une nouvelle loi agraire et un système de partage assurant à chaque citoyen 5,000 francs de revenu annuel. Eugène Bascule réfléchit à ce programme pendant six semaines, se contentant d'affirmer, dans l'intervalle, que l'établissement de la république avait couronné toutes ses espérances et que les sentiments radicaux dont il avait fait preuve lorsqu'il était encore à l'université étaient une garantie suffisante de sa sincérité. Après quoi il crut être allé assez loin pour le présent; il s'assit donc patiemment, surveillant le cours des événements, et prêt à suivre le courant, qu'il poussât du côté de la gauche — vers le socialisme et le communisme — ou qu'il ramenât vers la droite et à la monarchie.

Pour la plus grande satisfaction de M. Bascule, qui se sentait au fond du cœur une antipathie profonde contre les hommes de 48, le nouvel état de choses produisit la guerre générale, chacun cherchant à écraser son voisin; et il devint bientôt évident, pour les clairvoyants, que le pays n'aurait pas longtemps à attendre un changement de régime. C'était l'heure du triomphe pour M. Bascule : inspiré par la plus heureuse perspicacité, il sut profiter du moment où la république était malade et déjà mourante pour lui porter le dernier coup avec toute la vaillance du quadrupède de la fable. Son discours restera dans les mémoires comme l'une des plus belles pièces d'éloquence que présente l'histoire, et, le jour où il fut prononcé, son apparente audace lui fit trouver un écho d'un bout de la France à l'autre. Heureux discours et heureux M. Bascule! Le prince Louis Bonaparte était à la veille de son élection. Quelques semaines plus tard, il cherchait des ministres. Spontanément, le nom de M. Bascule se présenta sur ses lèvres, sur celles de ses conseillers intimes, et M. Bascule fut chargé d'un portefeuille, honneur auquel il n'avait, sans doute, jamais aspiré.

Ici nous devons prendre congé de M. Eugène Bascule, car nous n'aurons plus rien à faire avec lui. Le personnage qui pose devant nous est Son Excellence M. Bascule, sénateur, grand-croix de la Légion d'honneur, conseiller privé, ministre des affaires générales, etc., etc., etc., — un tout autre individu. Si vous désirez voir aujourd'hui la photographie de M. Bascule, vous n'avez qu'à vous arrêter devant le premier étalage de photographies venu, à Paris; vous la trouverez là, pour le modeste prix d'un franc, empilée par centaines d'exemplaires et se vendant presque aussi bien que celles de ses ennemis de l'opposition, Jules Favre, Grévy et Ernest Picard. Au Salon, il y a chaque année cinq ou six portraits de lui. On le peint d'ordinaire assis, dans une attitude pensive, vêtu d'un frac, avec une table couverte de papiers à son côté, et quelques opuscules gisants à ses pieds; dans le fond, on remarque un encrier d'argent en forme d'aigle et un buste de Napoléon III, souriant gravement derrière la table, les papiers, l'aigle et M. Bascule. Comme souvenir plus durable encore de sa personne, M. Bascule a fait exécuter dernièrement, aux frais des contribuables, son effigie en marbre. Elle domine aujourd'hui la place du marché de sa ville natale; et la maison où il a vu le jour a été ornée d'une plaque en émail bleu portant cette devise : « Ici naquit Bascule, le 1er mai 1810. « Ce « Bascule » pur et simple, sans titre officiel, est, on le comprend, le zénith de l'illustration. On ne dit pas M. Montesquieu, M. Turgot, ni Son Excellence M. Talleyrand; on dit Montesquieu, Turgot, Talleyrand; c'est pour la même raison qu'on dira Bascule ou, même, l'illustre Bascule.

Il faut remarquer ici que si quelque Anglais, peu versé dans les mœurs françaises, s'avisait de juger un ministre du second empire d'après les fonctionnaires du même ordre qu'il peut avoir vus chez lui, il courrait grand risque de faire fausse route. Les Anglais ont, il est vrai, des ministres de cabinet; ils en possèdent même quelques-uns qui — sans les comparer avec M. Bascule — peuvent être considérés comme des hommes remarquables; mais, en prenant pour exemple M. Disraëli ou M. Gladstone, je dois dire que rien dans ces honorables gentlemen ne ressemble à la splendeur de M. Bascule. M. Gladstone et M. Disraëli sont vêtus comme de vulgaires mortels; ni l'un ni l'autre n'ont le moindre crachat à étaler sur leurs revers d'habit. Très-souvent ils vont à pied, parfois même on les rencontre à l'église. Au parlement, le premier membre venu peut les interpeller et leur demander des explications. Ils sont interrogés par leurs commettants, attaqués par les journaux, ridiculisés par les feuilles comiques; on les appelle Bill et Ben dans les cafés chantants; et, quand l'un d'eux parvient à rester au pouvoir pendant quelques années, il ne peut distribuer des places rétribuées à ses amis ou à ses parents sans être aussitôt traîné dans la boue par la cohorte des journalistes. Il n'en est pas de même dans le cas de M. Bascule. Ce personnage ne va jamais à pied et il serait parfaitement inutile d'aller le chercher à l'église. Du matin au soir, il porte son large ruban écarlateet sa croix de diamants. Dans les grandes occasions, il est si complétement couvert de décorations que les galons d'or de son uniforme en deviennent invisibles. Les cafés chantants n'essayent pas de lui donner un petit nom ; ce serait le meilleur moyen de se mettre à dos la gendarmerie. De même, à moins qu'il n'ait un désir tout particulier de passer quelques mois à Sainte-Pélagie, aucun artiste de *l'Éclipse* ni du *Charivari* ne s'avisera de publier une caricature de Son Excellence. M. Bascule est en résumé un homme dont il faut parler avec respect ou dont il ne faut pas parler du tout, car s'il est dangereux de dire du mal de l'empereur, il vaut presque mieux encore s'attaquer à Sa Majesté qu'à son grand et puissant ministre.

M. Bascule a été surnommé le vice-empereur. Il est plus que cela, il est l'empereur ou, si vous préférez, l'archi-empereur; c'est lui qui le dirige et le fait aller où bon lui semble. Comment cela, direz-vous, et pourquoi? C'est ici, cher lecteur, un mystère dont la pénétration exige quelque intimité avec les antichambres impériales. D'aucuns prétendent que l'empereur se fait vieux et se sent moins assuré sur le trône, moins perspicace dans ses vues qu'à l'époque où il organisait le coup d'État, il y a dix-huit ans. Il veut surtout la paix, cherche le repos, et se sent chaque jour plus disposé à céder les rênes du pouvoir à ceux qui l'entourent. Naturellement M. Bascule est un de ceux-là ; Son Excellence s'efforce de rester, autant que faire se peut, dans le voisinage de son impérial maître. L'empereur a pour lui quelque affection ou plutôt quelque respect, et c'est pourquoi, dans un pays où les ministres se succèdent plus rapidement encore que les dynasties, M. Bascule fait partie du cabinet depuis le jour où l'empire est né et semble devoir y demeurer jusqu'à ce que lui-même ou cette vénérable institution aient atteint leur fin naturelle. Ceci pourrait donner à croire que M. Bascule est un grand homme d'État que la confiance unanime de la nation impose à la couronne, — erreur. Un sujet français ne peut avoir de pire titre au patronage de la Cour que sa popularité, et peut-être n'est-ce pas la dernière des recommandations de M. Bascule à la faveur impériale que d'être détesté d'un bout de l'empire à l'autre par tout le monde, à l'exception des ultra-conservateurs. Non, M. Bascule n'est pas un homme d'État. Comment le serait-il et à quoi bon? Les nouvelles dynasties sont jalouses des hommes illustres, et si M. Bascule avait été un homme aux vues larges, libérales, ambitieuses, on l'aurait enseveli au sénat, où il eût été parfaitement hors d'état d'agir, mais jamais à coup sûr on n'en eût fait un ministre. L'influence de M. Bascule sur la couronne provient seulement du fait qu'il possède une excellente langue, sachant obéir, et que personne n'a comme lui le talent de faire passer pour plausible le plus détestable de tous les arguments. Il n'a guère d'idées à lui propres, mais il sait interpréter celles des autres, et, si sa seule ambition est de rester où il est, il s'entend à encourager l'ambition de son maître, à la réchauffer au besion par les étincelles d'une rhétorique brillante, qui est à la véritable éloquence ce qu'est le verre au diamant.

Chaque fois qu'il se lève pour parler au Corps législatif, il sait que, quoi qu'il dise, un bataillon de deux cents claqueurs est prêt à l'applaudir et à s'enrouer à force de crier bravo. Les hommes les plus timides se sentiraient à l'aise en de telles circonstances ; M. Bascule, qui n'a jamais connu la timidité, boit les applaudissements comme on boit de l'eau fraîche et sert à ses auditeurs les banalités les plus insipides, se souvenant sans doute, à bien juste titre, qu'il ne faut pas jeter des perles aux..., peu importe, — j'oublie le nom de cet animal. Soigneusement dégagée de tous les ornements qui voilent sa pensée, l'argumentation de M. Bascule se résume en ceci : que, de 1848 à 1851, il y eut en France une république qui fit une foule de sottises, mais qu'en 1851 un homme se leva, lequel sut mettre un terme et aux sottises et à la république. Quel que soit le sujet de son discours, — la question d'Orient, la loi sur la presse ou un projet pour l'amélioration du drainage, — il en revient toujours là. Dès qu'il sent faiblir son raisonnement, il exhibe la légende de 1851. Si l'opposition reste indifférente, il passe à des insinuations personnelles et rappelle à Jules Favre, à Garnier Pagès ou à Carnot que si le pays n'avait pas été débarrassé d'eux, il serait depuis longtemps ruiné de fond en comble. Cela produit en général l'effet désiré. L'opposition proteste en chœur. Un tumulte s'ensuit. La majorité se lève comme un seul homme pour défendre M. Bascule, et le lendemain, comme d'ordinaire, les journaux officieux apprennent aux électeurs français stupéfaits que l'esprit de parti continue son œuvre ténébreuse et que les hommes ne manquent pas qui seraient heureux de voir renaître le règne de la terreur.

Cependant M. Bascule n'est pas heureux; non pas qu'il nourrisse de grands remords à l'endroit de sa politique, ni qu'il sente bien distinctement la dégradation de s'être fait l'avocat gagé de toutes les idées de son maître; les ministres comme M. Bascule sont d'une tout autre étoffe; non, ce qui parfois rend M. Bascule rêveur, c'est le sentiment qu'il a de pouvoir perdre sa place du jour au lendemain, sans avertissement préalable, sans rime ni raison. Napoléon III n'a jamais été très-logique dans le choix ni dans le renvoi de ses ministres. Si donc M. Bascule a gardé sa place longtemps, c'est qu'une succession fortuite d'heureuses circonstances l'ont favorisé, mais personne ne sait comme Son Excellence que ce même hasard qui l'a mis au sommet de la roue peut aussi bien le précipiter dans le néant. Sous le régime parlementaire, la position d'un ministre sorti d'office n'est pas fort à plaindre : comme chef de l'opposition ou au moins comme membre éminent de la Chambre, l'homme d'État retraité ne manque pas de consolations pour son amour-propre; mais, si M. Bascule venait à être renvoyé, rien au monde ne pourrait compenser pour lui la perte de sa place. Aujourd'hui il est l'homme de France le plus puissant; demain il ne serait personne. Tous ses partisans dévoués, qui vocifèrent en son honneur au Corps législatif, le déserteraient le jour où il tenterait de les rallier en un parti dont il serait le centre; et si, quittant le sénat[1], il voulait poser sa candidature au Corps législatif sans l'aide du patronage officiel, il ne trouverait pas un circonscription en France

1. Un sénateur peut donner sa démission en France. Le comte Walewski établit ce précédent en 1865. Il quitta le sénat et fut nommé au Corps législatif, dont il fut longtemps le président.

pour l'élire. C'est pourquoi, lorsqu'il exécute ses brillants tours de force de rhétorique, M. Bascule danse sur une corde roide. Le caprice d'une auguste dame vexée dans une de ses fantaisies ou seulement fatiguée de voir toujours la même figure auprès d'elle, la pique passagère d'un autocrate, la cabale de quelques courtisans écervelés, — un rien peut faire perdre l'équilibre à M. Bascule. Je le considérais l'autre jour, au moment de la dissolution du Corps législatif. Les hommes qui pendant dix ans avaient obéi à un signe de sa main et voté ainsi qu'il leur avait dit, ses fidèles, étaient groupés autour de lui comme des écoliers autour de leur maître, la veille des vacances. Quelques-uns lui serraient la main, d'autres attendaient un sourire de ses lèvres, d'autres criaient : « Vive l'empereur ! » pour mieux lui prouver qu'ils n'avaient pas oublié leur leçon. Pendant ce temps, M. Bascule, le visage contracté et tout pâle, surveillait les bancs de l'opposition, où un groupe d'enthousiastes criaient : « Vive la liberté ! » Cette exclamation retentissait vigoureuse et sincère, quoique les voix fussent peu nombreuses, et M. Bascule se demandait peut-être combien de voix nouvelles se joindraient aux anciennes à la prochaine réunion des Chambres. Peut-être aussi se disait-il qu'une nouvelle dizaine, ajoutée à celle qui occupait déjà ces bancs, ferait vingt victoires pour l'opposition, et pour lui une défaite. Quand il se leva à son tour pour crier : « Vive l'empereur ! », il aurait pu se comparer à ces gladiateurs qui, dans une autre cité impériale, criaient aussi : « Vive l'empereur ! » en entrant dans la lice. Mais ils ajoutaient alors : « *Ave, Cæsar imperator,* MORITURI *te salutant !* »

X

LE MINISTRE QUI AGIT

Enfin, c'est terminé ; la partie est jouée, et après cinq mois d'efforts et d'anxiété, d'intrigues et de misères, M. Gambade de la Courbette se jette dans son fauteuil pour écrire aux préfets les résultats des élections générales. M. Gambade de la Courbette est ministre des affaires particulières et prend place, dans le cabinet, après M. Bascule, ministre des affaires générales. Certaines explications sont nécessaires pour faire comprendre comment il en vint à occuper sa présente position, car, si vous vous avisiez de demander à un juge impartial qui est l'homme de France le moins fait pour cet office, le juge n'hésiterait pas à vous répondre : M. Gambade de la Courbette. Mais, hâtons-nous de le dire, les sceaux furent confiés à M. Gambade de la Courbette dans un moment très-grave. C'était à l'époque de Mentana, et l'impérialisme, comme le diable devenu vieux, était en train de se faire ermite ; les Tuileries cherchaient quelqu'un pour remplacer le marquis de la Savonette qui venait de se retirer dans un donjon. Pêcher le ministre est chose presque aussi hasardeuse que pêcher le saumon ; non pas que les poissons soient rares, mais ceux qui mordent à l'hameçon ne sont pas toujours de la bonne espèce et, souvent il faut les rejeter dans l'eau quand ils ont avalé l'hameçon tout entier. Parfois aussi ceux qu'on voudrait prendre refusent de se laisser tenter et, après avoir coqueté avec l'amorce jusqu'au moment où le pêcheur se sent une vague envie de blasphémer, s'en vont tranquillement, battant des nageoires et la queue frétillante, en signe de dérision. Si la coutume permettait d'employer les annonces pour chercher un ministre, comme elle l'autorise quand il s'agit de cuisiniers, de cochers, de tuteurs et de femmes, l'empereur aurait probablement inséré dans le *Moniteur* un appel à peu près ainsi conçu :

« On demande, pour tout de suite, un homme ayant peu de principes et pas de préjugés. Il doit être en état de se faire favorablement voir par deux assemblées législatives, une assemblée délibérante, un cabinet composé de dix ministres tous jaloux les uns des autres, un souverain qui se méfie des gens habiles, une impératrice qui n'aime pas les sots, une Cour ennemie de tout ce qui s'élève, et une façon de premier ministre qui, n'ayant aucune opinion, entend que tous ses collègues la partagent. Il ne doit pas trouver d'inconvénient à défendre une ligne politique le lundi et la ligne parfaitement opposée le mercredi, ni à protester le vendredi qu'il n'a jamais entendu soutenir l'une ou l'autre de ces lignes politiques. Il doit être capable de manier l'encensoir servant à la fumigation et à la propitiation des partis cléricaux et légitimistes. Il sera également versé dans l'usage de la férule qui maintient l'ordre parmi les républicains. Il saura par cœur toutes les gloires de la dynastie impériale et sera toujours en état de les réciter sur-le-champ quand il devra s'adresser à des maires campagnards, à des électeurs ruraux et à d'autres simples d'esprit. Par-dessus tout, il devra posséder l'art de faire choisir des candidats impopulaires aux circonscriptions de la campagne.

« Traitement libéral. On n'exige pas de caractère. S'adresser à M. Conti, chef du cabinet particulier de Sa Majesté, château des Tuileries. — *N. B.* Inutile de se présenter si on souffre de quelque infirmité naturelle qui ridiculise le sujet demandé; les journaux comiques auront assez matière à rire sans cela. »

Voilà donc quelle eût été à peu près la teneur de son annonce; mais, comme le monde n'en est pas encore venu là, l'empereur dut chercher ce dont il avait besoin avec ses propres yeux et ceux de M. Bascule, son grand vizir, pour le guider. Seulement, Sa Majesté désirant un homme qui pût servir de contre-poids au dit M. Bascule et l'empêcher de devenir trop puissant, tandis que M. Bascule voulait un homme qui n'eût aucune de ces qualités, on ne s'étonnera pas s'il leur fallut quelque temps pour tomber d'accord sur le candidat à choisir. Des rumeurs sans nombre étaient en circulation, vingt noms différents furent mis en avant jusqu'à ce qu'enfin, après mûre délibération, l'empereur et son premier ministre s'entendirent pour prendre l'homme qu'il ne leur fallait pas. Le nouveau ministre avait quarante ans, il était joli garçon, plein de savoir-faire, causant avec assez de bon sens pour se croire trois fois plus fort qu'il n'était. Il remplissait les fonctions de procureur impérial dans une ville de province et s'était toujours distingué par le zèle fervent qu'il mettait à accomplir ses fonctions. Nul mieux que lui ne savait convertir le plus plat des articles de journaux en une philippique menaçante contre laquelle il fallait invoquer toutes les rigueurs de la loi. Il ignorait absolument les circonstances atténuantes en matière de délits de presse, et était presque aussi sévère avec les criminels vulgaires qu'il savait l'être avec les journalistes. La seule occasion où on l'avait vu prendre en considération les faits à décharge et ne pas réclamer les peines édictées par la loi avait été le procès d'un directeur de compagnie financière bien connu qui, ayant ruiné tous ses actionnaires, fut actionné par l'un d'eux devant le tribunal. Après une étude attentive du cas, le procureur impérial jugea qu'il n'avait rien de répréhensible et le directeur fut acquitté, à la plus grande surprise du public et probablement à son propre ébahissement. Cet acquittement fut très-utile au magistrat en le rendant un favori des puissants de la Bourse, dont plusieurs avaient suivi le procès du financier avec le plus sympathique intérêt. Peut-être la popularité qu'il s'était ainsi acquise parmi une classe si influente de la communauté fut-elle pour lui une recommandation à la faveur impériale; il est si rare de trouver un homme qui possède la confiance illimitée du monde financier!

Notre procureur avait cependant un titre plus sérieux encore au choix du gouvernement que tous ceux mentionnés jusqu'ici. Il avait été élevé par les jésuites et était considéré par eux comme un saint homme et comme un vrai champion de leur parti. Or, ainsi que je l'ai dit plus haut, tout cela se passait à l'époque de Mentana. Une vague odeur d'encens pénétrait l'atmosphère politique. Les cardinaux intriguaient à la Cour, les ministres parlaient du pouvoir temporel comme s'ils y croyaient; de vieux sénateurs sceptiques conversaient gravement sur le pape et s'efforçaient de ne pas rire en se regardant.

Des députés qui avaient voté pour l'expédition d'Italie, en 1859, et avaient même regretté à cette époque que l'empereur n'eût pas fait plat net de la papauté et de tout le collége des cardinaux, s'en allaient par détachements à la messe et juraient que l'unité de l'Italie devait être brisée si les Italiens se mêlaient de convoiter Rome. Jamais on ne vit spectacle plus édifiant; pour un rien chaque Français officiel eût arraché son ruban rouge et fait de ses croix un rosaire. Tout était alors à la sauce romaine, et quand le poste vacant au ministère fut confié à M. le procureur Calotte, une expression de béate satisfaction se répandit sur la physionomie des vrais croyants de l'empire. M. Calotte garda sa place pendant un an, et il serait très-oiseux de rappeler ici comment il mena les affaires durant son administration, car impérialistes et libéraux se souviennent encore de ses hauts faits, les premiers pour le tort qu'il leur fit en les forçant à lutter, les seconds pour les bons services qu'il leur rendit par ses sottes et maladroites persécutions.

Doué de cet esprit intrigant qui semble être commun à tous ceux qui doivent leur éducation aux disciples de Loyola, M. Calotte n'avait pas été deux mois au pouvoir qu'il fut à couteaux tirés avec M. Bascule et s'efforça, dit-on, de supplanter ce personnage. Sa soudaine fortune lui avait tourné la tête — chacun sait qu'il avait un allié dévoué dans l'impératrice — et, comme il arrive aux gens qui sont parvenus sans savoir pourquoi, il s'exagérait son importance. Eût-il attendu quelques mois encore, il aurait peut-être été assez fort pour combattre son adversaire à armes égales, mais, comme il s'y prit, la lutte ne dura que quelques jours. M. Bascule triompha facilement, et M. Calotte fut obligé de se soumettre avec résignation pour sauver ses sceaux tout récemment gagnés. Il se décida donc à obéir aux ordres de M. Bascule, à le considérer comme son chef et, dès ce jour, prit rang parmi les étoiles de seconde grandeur.

Un autre de ses hauts faits fut d'essayer sa force contre un journaliste échevelé qui aspirait à se faire une réputation de pamphlétaire. Le journaliste en question était médiocrement doué. Une tournure d'esprit diabolique, une façon agréable de dire les choses les plus cyniques et un talent spécial pour le paradoxe, tout prêtait à ses écrits une sorte d'âcre saveur. Il ne connaissait rien à la politique et suivait la méthode la plus simple de toutes en matière de critique, celle qui consiste à porter aux nues toute chose subversive et à démolir tout ce qui a quelque apparence d'autorité. Pendant un certain temps, il avait fait les délices des lecteurs d'un journal boulevardier en y insérant, deux fois la semaine, des articles où, — soit dit sans vouloir porter la moindre atteinte au bon sens qu'il pouvait avoir par devers lui, — il vendait des sottises à l'aune. La seule chose à faire était évidemment de le laisser à ses élucubrations. Incapable de saisir un raisonnement et sourd à tous les arguments qui ne cadraient pas avec ses préjugés, il représentait un adversaire qu'aucun homme d'État capable ne devait perdre son temps à vaincre. M. Calotte fit cependant choix de ce monsieur pour lui accorder les honneurs du martyre. Il commença par réclamer son renvoi du journal en menaçant l'éditeur de faire interdire sa feuille en cas de refus. L'éditeur, qui devait consulter les intérêts du propriétaire, fut obligé de se soumettre. L'homme aux cheveux ébouriffés annonça son intention de fonder un journal pour son propre compte. C'était une occasion pour M. Calotte de racheter sa première faute en ne donnant aucune attention à ce nouvel organe de l'insanité; mais M. Calotte devenait stupide. Il défendit la vente de *la Chandelle* dans les rues, ordonna que ses affiches fussent enlevées des murs, et fit enfin tout ce qu'il fallait pour procurer au journal une vente de 80,000 exemplaires dès le premier numéro. Chacun sait ce qui suivit : comment *la Chandelle* brûla pendant plusieurs semaines, atteignant bientôt un tirage de 150,000; comment son auteur empocha l'argent qu'elle lui rapportait avec un empressement railleur, et continua à bafouer M. Calotte sur un ton toujours plus audacieux; comment M. Calotte, perdant patience, laissa mêler son nom à ceux de ces vils libellistes qui fondèrent une feuille pour diffamer l'heureux pamphlétaire; comment ledit pamphlétaire souffleta l'un de ces misérables, et comment ce fait lui valut, tant directement qu'indirectement, une amende de 20,000 francs et vingt-neuf mois d'emprisonnement, — deux condamnations qui lui ont plus tard ouvert le chemin du Corps législatif. Tous ces événements appartiennent à l'histoire et resteront dans les souvenirs du ministère de M. Calotte, bien longtemps après que ce ministre aura été rejoindre ses ancêtres.

M. Calotte sortit les doigts considérablement brûlés de sa lutte avec *la Chandelle,* — circonstance qui explique sans doute son hostilité infatigable envers la presse, pendant les quelques mois qu'il passa encore au ministère. Mais son portefeuille n'était plus très-assuré. Un jour, les hommes qui s'emploient rue de Jérusalem racontèrent que quelques écervelés du quartier Latin comptaient porter des couronnes d'immortelles sur la tombe d'un patriote assez connu, et qu'une grande foule de curieux se joindrait probablement à eux. M. Calotte s'imagina voir dans cette manifestation les signes précurseurs de l'émeute. Il fit aussitôt défiler soixante mille soldats qui s'en allèrent camper pendant un jour à la barrière

Clichy, pour le plus grand ébahissement des badauds, et rentrèrent dans leurs quartiers après avoir livré bataille à douze gamins qui furent tous pris sans armes à la main. Ce haut fait couvrit de ridicule le ministre lui-même. Six semaines plus tard il tomba, renvoyé un beau matin, sans le plus léger avertissement. On raconte que son collègue, M. Bascule, lequel s'était réconcilié avec lui quelques mois auparavant, n'avait pas peu contribué à sa chute, chose qu'il envisageait probablement comme une marque d'amitié.

M. Calotte fut remplacé par M. Gambade de la Courbette. M. Gambade de la Courbette, que j'ai montré écrivant une circulaire à ses préfets et que j'ai désigné comme l'homme de France le moins fait pour meubler un ministère, M. Gambade de la Courbette est un ministre de vieille lignée. Ce n'est pas la première fois qu'il occupe sa place. Six ou sept assortiments de sceaux ont déjà passé par ses mains, et, chaque fois, il a fait preuve de cette même sérieuse incapacité politique dont les dernières élections sont le plus récent exemple. Il ne faudrait pas en conclure que Son Excellence ait l'esprit obtus. M. de la Courbette est au contraire un gentilhomme bien éduqué et fort poli. Mais il fait partie de cette légion de 51, dont la pâte a fourni les Saint-Arnaud, les Maupas, les Fleury; il est un de ces hommes qui ne veulent pas croire que le monde ait marché depuis le coup d'État et qui donneront éternellement les conseils qu'ils donnaient la veille du 2 décembre.

Il y a dix ans, le choix d'un pareil ministre pouvait parfaitement se justifier; il était l'homme qu'il fallait à une période d'absolutisme politique. Comprenant admirablement le rôle que peut jouer la baïonnette dans le gouvernement intelligent d'un État, il est aussi un maître en l'art de faire manœuvrer la filière administrative. Mais ces incontestables talents sont d'assez piètre utilité dans l'état de choses actuel. La France n'est plus en 1859. L'apathie qui suivit le coup d'État et la restauration de l'empire a cessé. La presse a fait des pas de géant, elle est un pouvoir dans l'État. Chaque année voit le Corps législatif se dérober davantage au frein que l'empereur tenait d'une main si ferme pendant la première période de son règne. L'empereur lui-même se fait vieux. Suivant toutes les probabilités, il n'a plus beaucoup d'années à vivre, et le problème dont ses conseillers doivent préparer la solution est moins d'affermir la couronne sur sa propre tête que d'en assurer l'héritage à son fils.

Au moment où M. Gambade de la Courbette prit son portefeuille, les élections générales étaient distantes de cinq mois. Nul mieux que lui ne comprenait l'importance du verdict qu'allait rendre le suffrage universel, et il ne pouvait avoir aucun doute sur la voie à suivre pour préparer la grande loterie de l'urne électorale. Trois séries de candidats étaient en présence : les dévoués, les libéraux, les irréconciliables.

Les dévoués étaient gens à tout approuver, à tout dire, à tout voter jusqu'à l'heure où, ce procédé ayant conduit le pays à une nouvelle révolution, ils se fussent remis à agir, à parler et à voter en faveur du dernier maître imposé. Les irréconciliables étaient au contraire parfaitement décidés à ne rien approuver et à ne rien voter jusqu'à ce que, par ce moyen, ils eussent forcé l'empereur à faire un nouveau coup d'État, après quoi ils se fussent hâtés de recommencer leur opposition obstinée à toutes les réformes, pour la plus grande satisfaction de leurs propres consciences et pour l'édification du public. Seuls, les libéraux comprenaient quelque chose aux affaires publiques. Ils voulaient le progrès sans révolution et étaient prêts à reconnaître l'empire, si l'empire leur donnait une Constitution libérale.

Un homme d'État loyal et capable se fût efforcé de développer ce parti par tous les moyens en son pouvoir. A vrai dire, le meilleur et le plus sage procédé aurait été de ne prendre cause pour personne et de laisser faire les électeurs, tandis que le gouvernement eût conservé une digne neutralité entre les rouges, les blancs et les bleus. Si M. Gambade de la Courbette n'était pas assez puissant pour imposer cette manière de voir à son maître, au moins pouvait-il ne pas se prononcer entre les candidats qui se déclaraient dynastiques et réserver son opposition administrative pour ceux qui s'avouaient révolutionnaires. Mais M. Gambade de la Courbette ne fit rien de tout cela ; un patriotisme prudent et une loyauté désintéressée n'ont jamais été le propre des ministres impériaux. Comprenant que les libéraux étaient de pires ennemis pour lui-même que les révolutionnaires foncés, il ne voulut pas voir qu'ils serviraient à consolider le trône de son souverain. Il les mit dans la même catégorie que les radicaux et leur fit une guerre acharnée, soutenu par tous ses collègues du Cabinet, et secondé par l'armée entière des fonctionnaires de l'empire. Résultat : M. Gambade de la Courbette fut-il plus sûr de son portefeuille après les élections qu'auparavant? Au premier tour, les radicaux enlevèrent vingt-huit circonscriptions, — six de plus que n'en avait l'ancienne opposition tout entière. — Cinquante-huit candidatures exigèrent un ballottage, l'opposition en garda près de quarante. De plus, parmi les deux cents et quelques membres que le gouvernement se plaisait à appeler dévoués, il y avait une grande minorité, comme MM. d'Andelarre, Riondel, Goerg, Grammont et Latour-Dumoulin, dont la Cour se faisait des amis après la bataille, mais qu'elle avait combattus tout aussi opiniâtrément que MM. Bancel et Gambetta. L'opposition de toutes les nuances comptait bien près de quatre-vingts membres dans la nouvelle Chambre; d'ailleurs la majorité du gouvernement, sur la somme totale des votes émis dans le pays, fut seulement de 800,000; les résultats du vote étant approximativement : Gouvernement, 4,053,056; Opposition, 3,248,885. Ces chiffres présageaient une crise aussi clairement que deux fois deux font quatre. Avec la moitié des électeurs contre lui, le gouvernement était forcé de faire quelque mouvement en avant ou en arrière.

M. Gambade de la Courbette, qui se rend fort bien compte de tout cela, n'en taille pas moins sa plume et se hâte d'écrire une circulaire aux préfets de l'empire pour remercier la Providence de ses bontés et inviter les maires, sous-maires, gardes champêtres et bedeaux à se réjouir du nouveau triomphe remporté par la dynastie impériale.

Après quoi, comme un auteur arrivé aussi loin que peut le porter son imagination dans le pays des fictions, M. Gambade de la Courbette s'enfonce dans son fauteuil et se plonge dans une de ces méditations couleur sombre qui sont celles d'un ministre prêt à recevoir à tout instant l'ordre de prendre des mesures pour un nouveau coup d'État ou de résigner son portefeuille entre les mains de quelque personnalité mieux adaptée à l'emploi, — M. Ernest Olive, par exemple, sa *bête noire*.

XI

LE PRÉFET

La ville de Saint-Cric est le chef-lieu du département de Saint-Crac. Pour employer les expressions d'une circulaire préfectorale toute récente, c'est un lieu particulièrement favorisé par la Providence, puisqu'il possède une garnison de sept mille hommes, une cathédrale, un palais épiscopal (avec un évêque à l'intérieur), un séminaire, une université, une école publique, cinq ou six manufactures, une fort belle prison, deux hôpitaux, quatre cents gendarmes, un théâtre, mille agents de police, deux bataillons de pompiers et un asile pour les fous. La population totale s'élevait au dernier recensement à près de cent mille âmes, sans compter les soldats, mais en comptant les gendarmes, les prisonniers, les agents de police et les fous. Au point de vue de l'instruction publique, le département de Saint-Crac[1] est au neuvième rang sur les listes de M. Duruy ; c'est-à-dire que quinze pour cent seulement de ses habitants ne savent ni lire ni écrire, — un état de choses qui, comparé avec celui d'autres départements où il y a jusqu'à trente-deux pour cent d'ignorants, doit être considéré comme très-satisfaisant. Au point de vue criminel, le département de Saint-Crac et la ville de Saint-Cric occupent une place fort honorable sur les livres du ministre de la justice. Mais ce digne ministre n'en témoigne pas moins quelque défiance au département et à la ville. On n'y commet, il est vrai, ni beaucoup de meurtres, ni trop d'escroqueries, mais souvent on maltraite un agent de police dans la rue, ou l'on noie un gendarme dans la rivière, et une statue de

1. Le premier département, sous le rapport de l'instruction, est le Jura. La Seine ne vient qu'en septième ligne. C'est le Jura qui a constamment élu M. Grévy depuis 1868.

l'empereur, qui domine la principale place, a dû être protégée par une sentinelle contre les ornements irrévérencieux de certains étudiants peu tendres à l'endroit de la dynastie. Mais, ce qui est pis encore, chaque fois qu'un haut dignitaire de l'empire, prince, ministre ou maréchal, traverse la ville et y est reçu en passant aux frais des contribuables, il arrive quelque désordre : ou bien c'est une pierre qui heurte la tête du haut dignitaire à son passage dans les quartiers manufacturiers, ou bien ce sont des huées qui l'accompagnent devant l'université, ou encore c'est un inconnu qui crie : « A bas les vendus ! » devant son équipage, pendant qu'il est lui-même en devoir de dîner avec le préfet. De là le peu de sympathie qu'éprouvent les hauts dignitaires de l'empire pour la ville de Saint-Cric et la règle qu'ils se tracent de faire un circuit de vingt milles, plutôt que d'y séjourner une demi-journée.

En face de ces circonstances, il peut paraître étrange que le préfet, dans ses rapports mensuels au département de l'intérieur, parle avec tant d'effusion des sentiments profondément dévoués qui animent la population de son département, mais c'est la mode, en France, et je ne veux pas imiter ici les esprits sceptiques qui comparent ces rapports préfectoraux aux bulletins que les maîtres de certaines écoles particulières soumettent aux parents à l'entrée des vacances, — bulletins dans lesquels le gamin qui a été le plus fouetté pendant l'année est décrit comme « un garçon de beaucoup d'avenir, passionné pour le travail, affectueux et obéissant envers ses maîtres, zélé dans l'accomplissement de ses devoirs religieux. »

Pour parler franc, si Saint-Cric et Saint-Crac ne sont pas dévoués corps et âme aux institutions impériales, ce n'est certes pas la faute du préfet, qui se donne toutes les peines du monde pour insinuer à ses administrés des opinions bonapartistes. Dans ce but, il leur déclare, à chaque occasion, que l'histoire de France commence en réalité vers 1852, qu'avant cette date bénie tout était chaos, et que le monde cessera de se soumettre aux lois de la gravitation dès qu'un Napoléon ne sera plus là pour lui donner son équilibre. Il n'est pas d'ailleurs le premier préfet qui parle en ces termes à la population de Saint-Cric. Le gouvernement a soin de placer dans un certain nombre de villes des préfets dont le bonapartisme approche de la manie, et, pour les raisons déjà indiquées, Saint-Cric est une de ces villes-là. Tous les hommes qui régissent le département depuis 1852 sont des personnages au nez fortement aquilin; fonctionnaires chaleureux et déterminés, aux moustaches pointues, aux habits boutonnés jusqu'au menton, aux yeux qui semblent dire : « A droite, droite! — En avant, marche! et sans raisonner. » Cependant, aucun préfet ne dure longtemps à Saint-Cric, car le travail y est rude. A la fin de la première année, le pauvre officiel, quel qu'il soit, présente des symptômes de détresse. Six mois plus tard, son teint se bistre et, à la fin de la seconde année, il est obligé d'avoir recours aux eaux de Vichy. S'il se remet suffisamment pour pouvoir reprendre ses devoirs, il reste poursuivi de l'idée que, à moins d'être transféré dans quelque poste plus facile, il marche à un ramollissement de cerveau. Cette pensée le rend désagréable et susceptible ou désespéré et sauvage, suivant son tempérament. Dans le dernier cas, c'est tant mieux pour lui. Ses administrés passent une ou deux années dans un semi-purgatoire; quant à lui, une fois l'épreuve subie, il est appelé à Paris, lancé dans le sénat, — parfois au ministère, — et le reste de sa vie est aussi doux que glorieux. Que si, au contraire, il se laisse aller à la mauvaise humeur et à l'irritabilité, la chose est bien différente. Il risque alors de se relâcher. La population si dévouée de Saint-Cric découvre bientôt le changement et devient turbulente. Une élection échoue, un procès politique manque (c'est-à-dire que l'accusé est acquitté), une collision éclate entre les ouvriers et les soldats, dans laquelle ces derniers sont battus, ou quelque autre événement également scandaleux et déplorable intervient; sur quoi, tout à coup, M. le préfet est rendu à ce repos dont il a si grand besoin, soit qu'il soit poliment mis à la porte, soit qu'on l'envoie dans quelque préfecture de troisième classe, où les habitants sont assez obtus et assez dévoués pour ne pas avoir besoin d'encouragements dans l'art de voter contre leurs intérêts.

Mais, pour en revenir à Saint-Cric, cette ville importante et le département qu'elle commande constituent une préfecture de première classe. Je ne voudrais pas garantir que les habitants fussent beaucoup plus heureux pour être placés sur le même rang que Paris et Lyon; cependant ce fait leur donne l'avantage de posséder, comme préfet, un homme dont les dignités ne se comptent plus. Il porte le titre de comte — M. le comte de Tournevis Crampon. Il est grand officier de la Légion d'honneur, ex-député, ex-conseiller d'État, ex-secrétaire général d'un puissant ministère. Son poste de préfet n'est qu'une sorte de préparation à son entrée au sénat ou dans le Cabinet. N'était cette considération, il n'en aurait jamais accepté le titre; mais la Providence ne permet pas toujours aux hommes de choisir leur carrière au gré de leur fantaisie. M. de Tournevis Crampon eût sans doute préféré rester attaché aux choses de la politique depuis le moment où, grâce à l'influence du gouvernement, il fut élu député par des électeurs fameux pour leur docilité. Mais, lorsqu'il se proposa une troisième fois à leurs suffrages, ces imbéciles, pour des raisons à eux connues, déclarèrent qu'ils ne voulaient plus rien avoir de commun avec lui. M. de Crampon n'obtint que 5,000 voix sur 30,000. Le gouvernement impérial est habitué à ces surprises, et le ministre de l'intérieur se contenta de hausser les épaules en conseillant à son ami de prendre patience quelque temps, mais l'attente fut loin d'améliorer la situation. La candidature de M. de Tournevis Crampon fut posée dans deux autres circonscriptions, où elle échoua complétement. Sur quoi, le caractère du pauvre candidat s'étant sensiblement aigri, le ministre jugea le moment venu de lui donner la direction d'un département où le radicalisme commençait à fleurir.

M. de Tournevis Crampon entra en fonctions avec la conviction bien arrêtée que chaque libéral du département était un ennemi personnel sur lequel il avait le droit de se venger de ses déboires électoraux ; et, s'il ne fit pas vœu d'exterminer tous ses ennemis d'un seul coup, c'est qu'il se sentait de taille à parachever l'œuvre sans y mêler le plus petit serment. Mais ce ne fut pas contre les libéraux seulement que M. de Crampon ouvrit une guerre sans merci. Sa défaite électorale avait été produite par une coalition de toutes les nuances d'opinion. Les légitimistes et les orléanistes y avaient aussi bien contribué que les radicaux. M. de Crampon les détestait tous également, et le département de l'intérieur n'eut jamais besoin de lui recommander le zèle.

Pour bien comprendre les occasions innombrables que possède un fonctionnaire qui veut se rendre désagréable à ses administrés, il faut observer qu'il n'y a guère de choses qu'un Français puisse faire sans la permission de son préfet : s'il désire donner un dîner public, tenir une réunion, monter une représentation théâtrale, doter une école ou établir une cuisine économique, pour tout et partout il est obligé de demander l'autorisation du préfet. Hâtons-nous d'ajouter que ces fonctionnaires refusent rarement la permission de bâtir un hôpital, ce qui peut provenir du fait qu'on ne la leur demande pas très-souvent. Mais parfois il arrive que quelque philanthrope désire fonder un prix dans une école, auquel cas M. de Tournevis Crampon a quelques règles très-simples qui décident de sa réponse. Si le demandeur se trouve être un bonapartiste, la scène est touchante : M. de

Crampon prend les dieux à témoin que jamais les annales de l'histoire n'ont eu à enregistrer pareil exemple de générosité et fait insérer, dans le prochain numéro du journal préfectoral, un panégyrique flamboyant qui occupe une colonne tout entière. Si, au contraire, le donateur appartient à l'opposition :

« Vous avez oublié, monsieur, remarque finement le préfet, que les prochaines élections sont déjà rapprochées.

— Rapprochées, monsieur le préfet? Mais elles n'ont lieu que dans un an.

— Précisément, monsieur, une seule année nous sépare de la dangereuse période du tourbillon électoral, et c'est à la veille même, pour ainsi parler, de cette période d'excitation, que vous venez m'offrir un prix pour les écoles?

— Mais enfin, monsieur le préfet, je ne vois pas ce qu'un prix pour l'étude de la grammaire grecque peut avoir à faire avec des élections politiques.

— Ah! il ne vous est jamais venu à l'esprit, sans doute, que, sous le spécieux prétexte d'encourager la culture du grec, la population puisse voir un cadeau fait pour gagner ses suffrages au candidat de votre parti?

— Monsieur le préfet, sur ma parole...

— Tut, tut, monsieur, un préfet a les yeux ouverts sur toutes ces manœuvres, et son devoir lui commande de les prévenir. Revenez, s'il vous plaît, six mois après les élections, et si vous êtes toujours disposé à fonder un prix, alors nous pourrons voir. J'ai l'honneur de vous saluer. »

Quelquefois, au lieu d'un philanthrope, c'est un directeur ambulant qui se présente pour obtenir l'autorisation de donner une série de représentations au théâtre de Saint-Cric. Le dialogue suivant s'engage :

« Monsieur, je suis moi-même un admirateur du théâtre et je serai heureux de vous donner la permission que vous réclamez, mais faites-moi voir avant tout la liste de vos pièces.

— Monsieur le préfet, elles ont toutes été jouées à Paris et approuvées par la censure.

— Monsieur, je ne connais pas la censure, je suis seul censeur ici (prenant la liste) : Quoi, qu'est-ce? Monsieur, serait-ce un affront personnel?

— Quoi donc, monsieur le préfet?

— Voyez donc le nom de cette pièce : *Les Crochets du père Martin.*

— Oui, monsieur le préfet, c'est une vieille pièce favorite du public, elle est écrite par...

— Écrite, monsieur! Au diable l'écrivain! Ne savez-vous pas que mon propre nom de baptême est Martin, et que le malheureux titre de cette pièce deviendra certainement, entre les mains d'un parti malveillant, une satire à mon adresse? Changez le titre, monsieur, et le nom de Martin, sinon je m'oppose à sa représentation à Saint-Cric; compris? Bonsoir. »

Mille occasions se présentent ainsi dans le courant d'une année pour exaspérer « l'ennemi » et M. de Tournevis Crampon n'en manque jamais une. Il n'est pas préfet à s'endormir sur ses lauriers et à laisser ses adversaires organiser leur attaque contre lui. Clergé, magistrats, officiers et journalistes sont tous dressés et disciplinés de sa main. Grâce à sa vigilance, le seul organe libéral de la ville ne reste jamais longtemps sans figurer au tribunal, et malheur aux magistrats qui ne le condamneraient pas au maximun des peines édictées par la loi ! Chaque semaine, deux ou trois régiments traversent, vers le soir, les quartiers manufacturiers de la ville, pour montrer aux ouvriers l'accueil que réserve l'autorité à toute tentative d'émeute. Une fois au moins par mois, quelque étudiant de l'université se trouve mêlé à une collision avec la police. M. de Crampon, qui déteste les étudiants, donne un ordre d'expulsion immédiate. Les parents du pauvre garçon viennent le supplier, les larmes aux yeux, d'adoucir cette peine. — « Je suis vraiment fâché, monsieur et madame, répond froidement le préfet, mais cette affaire ne me regarde pas. Je n'ai aucune compétence. Il faut vous adresser au recteur de l'université. »

M. le recteur, qui sait ce que signifie cette réponse, a soin de corroborer avec emphase le « non » de son chef, quels que soient d'ailleurs ses propres sentiments sur le sujet.

Dans ses rapports avec le clergé, M. de Crampon n'est pas moins rond en affaires. Il ne tolère aucun sermon nuancé d'ultramontanisme. Les préfets rencontrent parfois de grandes difficultés à réprimer ce genre de délits. Le clergé local est protégé par son diocésain, et l'intervention du fonctionnaire risque fort d'aboutir à un conflit. Mais ici le diocésain n'est qu'un évêque qui a quelque espérance de devenir un archevêque et même un cardinal, s'il se conduit bien; c'est pourquoi il a soin de rester en bons termes avec M. de Crampon.

Tout semble donc réussir à cet entreprenant personnage, et, sauf la circonstance qu'il est cordialement détesté par la moitié du département et très-redouté par l'autre, il a tout lieu de s'adresser à lui-même ses plus sincères félicitations. Il faut ajouter que tous les efforts de M. de Crampon tendent à un même but, qui est d'assurer la majorité au gouvernement dans les prochaines élections. A l'exemple de ces honnêtes spéculateurs qui jouent à pile ou face avec les fonds qu'on leur confie et passent la moitié de leur temps à chercher un moyen de faire passer leurs pertes pour des bénéfices, M. de Tournevis, dont les extravagances despotiques détruisent le maigre reste de popularité que conservait le gouvernement à Saint-Cric, s'occupe d'ordinaire à étudier comment il pourra donner pour blanc ce qui est noir, le jour des élections. La manière dont il s'y prend mérite l'attentive considération de tous ceux qui aiment l'ingénuité. Le département de Saint-Crac comprend trois circonscriptions électorales, chacune d'elles ayant droit à un député. Comme la ville de Saint-Cric se trouve être dans un angle du département, il semble, à première vue, qu'elle dût faire partie d'une seule circonscription et non des trois à la fois. Tel est pourtant son heureux sort. Saint-Cric possède 100,000 habitants et près de 20,000 électeurs. La plupart de ceux-ci appartiennent à l'opposition, comme il arrive dans les grandes villes, et il est fort probable que la circonscription qui comprendrait la ville de Saint-Cric tout entière dans ses limites nommerait un anti-impérialiste. Pour prévenir ce malheur, l'élément urbain est judicieusement corrigé par l'élément forain au moyen de l'ingénieuse division sus-mentionnée. Chaque circonscription de Saint-Crac s'arrange pour passer dans une rue de Saint-Cric, et, quoique cette curieuse disposition donne aux différentes circonscriptions d'étranges contours qui les font paraître fantastiques et diaboliques sur la carte, le fait est que l'impérialisme est sauvé aux dépens de la géographie, et qu'à chaque élection nouvelle, M. de Tournevis Crampon a l'intime satisfaction de voir Saint-Cric munie de trois députés qui ne représentent pas ses opinions.

Combien de temps cet état de choses pourra-t-il durer? c'est ce que l'avenir nous dira. Pour sa part, M. de Tournevis Crampon ne voit pas la nécessité d'un changement quelconque; car, bien qu'on ait souvent essayé de le convaincre que les comptes mal faits conduisent inévitablement aux mécomptes, il ne veut pas considérer les choses à ce point de vue, et ne manque jamais de bonnes raisons pour prouver que le suffrage universel n'est possible qu'à la condition d'être dirigé par un homme politique à vues élevées — comme lui. Après tout, pourquoi ne pas le laisser à sa croyance? Le malheur ne vient jamais trop tard, et le bonheur s'enfuit toujours trop vite. Un jour ou l'autre, à force de comprimer la volonté et les aspirations de ceux qu'il est appelé à gouverner, M. de Tournevis Crampon fera comme le petit garçon qui bouchait le tuyau de la bouilloire : — son département explodera à sa tête. Mais, d'ici là, laissons-le jouir en paix de ses trente mille francs d'appointement, de son palais somptueux, de ses frais de représentation, de la perspective des rubans rouges et des titres que ses intelligents services lui vaudront, et laissons-le se bercer de cette idée que, chaque fois qu'il serre d'un cran le boulon administratif, qu'il fait d'un dissident un mécontent, qu'il soulève de nouvelles malédictions contre lui, il sert les intérêts de la dynastie. Ceux qui l'ont employé trouveront sans doute le moment convenable pour le réveiller de son rêve quotidien et le mettre à l'abri dans quelque endroit sûr, loin du danger. S'ils ne le font pas, tant pis pour eux et tant pis pour lui ; M. de Tournevis Crampon est trop gros pour se sauver quand viendra la révolution[1].

1. Quand est venue la révolution, M. de Tournevis Crampon s'arrangea pour partir, mais il fut pris. Un récent procès (1872) à R..., en Normandie, est venu confirmer l'opinion de ceux qui le prémunissaient contre le danger des comptes fictifs.

XII

LE MAIRE RURAL.

A supposer vrai cet axiome qu'un homme peut devenir tout ce qu'il veut, pourvu qu'il y mette son cœur, je ne verrais guère de raisons pour qu'Ulysse-Achille Blaireau n'eût pas projeté de passer empereur. Mais il fut moins ambitieux; il risqua son bonheur pour devenir maire, et maire il devint (maire avec un M majuscule, s'il vous plaît, M. Blaireau ne l'écrit pas autrement). Il n'atteignit d'ailleurs cette dignité qu'au prix de travaux si considérables, que sa tête en est devenue chauve et, me dit-il d'un air convaincu, que l'énergie par lui déployée eût suffi à le faire trois fois pape et cinq fois président des États-Unis.

« Mais enfin m'y voilà, » continue M. Blaireau, en aspirant une longue bouffée de tabac. Puis, regardant avec un juste orgueil les cinq ou six personnes assises aux différentes tables, il ajoute :

« Et vous verrez que j'y resterai jusqu'à mon dernier jour.

— Amen, s'écrie un commis voyageur qui venait de vider un verre d'absinthe, une fois monté sur le dos d'un âne, ne vous laissez jamais culbuter par lui.

— Je n'aime pas ces commis voyageurs, observe le maire en se penchant de mon côté, ils viennent tous de Paris et ont une façon de parler que je ne comprends pas toujours, celui-ci en particulier. — Eh, monsieur, s'écrie-t-il tout haut, j'espère que vous ne prétendez pas comparer le poste que j'occupe avec la selle d'un baudet.

— Monsieur le maire, répond le voyageur, l'âne est un quadrupède de haute antiquité. Des documents authentiques, possédés par ma famille, me permettent d'affirmer avec certitude que c'est sur le dos d'un âne que Noé se rendit à l'arche pour surveiller l'embarquement de ses bestiaux. Midas, roi de Phrygie, fut, comme vous savez, récompensé de sa perspicacité de jugement par le don de deux oreilles d'âne. L'ânesse de Balaam est le seul animal que des témoignages dignes de foi ont fait parler. Apulée, qui fut le grand-père de M. Victor Hugo, nous parle d'un âne qui avait l'âme d'un philosophe et se distinguait par des actes de charité et de grande bienveillance. Enfin il vous suffira d'ouvrir Béranger pour voir que le roi d'Yvetot montait habituellement un âne. Le roi d'Yvetot, monsieur le maire, était prince de Poméranie et florissait, il y a deux cents ans, en même temps que Jules César et Ghengis-Khan. Les deux souverains s'étant ligués contre lui, il les battit à Fuentes-d'Honor, en Espagne, mais se laissa persuader de signer un traité de paix sur le pont des Soupirs à Venise, d'où le titre de *Pons asinorum* que garda dès lors cet édifice. Vous voyez donc qu'en vous comparant à un homme monté sur un âne, je ne vous eusse comparé, à prendre les choses au pis, qu'avec le roi d'Yvetot. Mais mes paroles avaient, je dois le dire, un sens plus profond et, pour ainsi parler, plus symbolique. L'âne, monsieur le maire, est un animal renommé pour sa patience, pour sa prudence et pour sa sérénité d'âme. A l'inverse du cheval qui est fougueux et veut être prudemment conduit, il se laisse monter par le premier venu et supporte les coups sans murmurer. Ses qualités endurantes en ont fait un symbole de nos classes agricoles, dont la patience sous le joug, l'indifférence en matière de gouvernement et la parfaite insensibilité politique sont un sujet de constante admiration pour l'esprit d'un observateur.

— Pensez-vous qu'il me mystifie? demande piteusement le maire. Quand il se met à parler d'histoire et de politique de cette façon, je ne peux plus m'en sortir.

— Non, dit un capitaine de pompiers qui avait entendu la question, il nous fait au contraire un compliment, vous devriez vous lever et l'aller remercier.

— Certainement, fait le maître d'école avec un regard d'interrogation au voyageur, allez donc le remercier. »

M. Blaireau retire son col de chemise, comme c'est son habitude en conseil municipal, et commence un petit discours de circonstance :

« Monsieur le commis voyageur, dit-il, je connais tous les détails historiques que vous venez de mentionner, et je vous remercie pour votre compliment, bien que je ne l'aie pas compris tout d'abord. Vous autres Parisiens, vous avez une manière de parler qui n'est pas la nôtre. Peut-être que, si j'avais été à Paris, je vous entendrais mieux, mais je n'ai jamais été à Paris.

— Allons, bon ! s'écrie le voyageur, il ne manquait plus que ça ; voilà un maire qui n'a jamais été à Paris ! » Et il se prend à rire pendant cinq minutes.

« Je vous disais que je n'aime pas ce gaillard, me souffle le maire. Je suis sûr qu'il veut s'amuser de moi, quand même vous ne vous en doutez pas. Je voudrais que M. le curé fût là pour me dire si l'histoire de l'âne et du grand-père de M. Victor Hugo est vraie.

— L'instituteur vous le dira bien.

— Non, il ne voudra pas. Il demande au

Conseil cent francs de plus par an. Je me suis opposé aux cent francs, et il le sait. L'autre jour, en le rencontrant sur la route, je lui dis aussi civilement que possible : « Voyez un peu, j'ai « écrit cette proclamation pour faire museler les « chiens et je vais l'afficher devant la mairie. « Dites-moi si l'orthographe est correcte ; je ne « suis pas tout à fait sûr du mot chien, faut-il « un *s* ou non ? » — « Cela dépend du nombre « de chiens, que vous avez à museler, fit-il, la « règle est un *s* par chien. » Et il continua sa route en ricanant. Que le diable l'emporte ! Je veux être pendu s'il a ses cent francs. »

A ce moment, l'aubergiste de la Tête-de-Veau entr'ouvre la porte pour annoncer que M. le garde champêtre attend sur l'escalier et demande à parler à M. le maire. Le front de M. Blaireau se déride. Cet épisode était évidemment envoyé par la Providence afin de montrer à ce mécréant de Parisien combien l'autorité est une belle chose. En considérant l'attitude respectueuse du garde champêtre en présence de son chef, le gredin de voyageur ne pouvait manquer de retrouver son humilité.

« Faites entrer! crie le maire, tout rouge de son triomphe.

— Par ici, papa Citrouillard! » dit l'aubergiste dans le corridor, et papa Citrouillard fait son apparition son sabre d'une main, son chapeau noir de l'autre et près de deux kilos de terre à ses bottes. Un chien berger sans queue ferme le cortége.

Qu'on nous permette ici une courte digression, dans le seul dessein de faire remarquer au lecteur que le garde champêtre est un fonctionnaire hybride, tenant le milieu entre le gendarme et le berger. Il vit aux dépens de la commune et lui coûte environ 350 francs par an. Chaque commune a son garde champêtre, qui est censé suffire à la répression de toute chicane, maraude et insubordination rustique.

Dans les parades municipales, le garde champêtre précède le maire, comme les licteurs, à Rome, précédaient le consul. La plupart de ces gardiens des champs et des routes sont de vieux soldats ayant de cinquante à cinquante-cinq ans d'âge. Uniforme du garde champêtre : un chapeau noir, un ceinturon, un coutelas et une plaque de métal qui se porte sur le sein gauche; — le reste du costume *ad libitum.*

Papa Citrouillard, sommé de s'expliquer, dit qu'il vient d'arrêter deux Parisiens.

« Ah! s'écrie le maire, deux Parisiens!

— Oui, continue papa Citrouillard, deux Parisiens. C'était il y a vingt minutes. Je descendais la route à la recherche de la vache à la mère Michon, qui s'est perdue la nuit passée, quand je vois passer deux hommes en blouse dans le champ voisin de l'église, mais deux hommes fumant des pipes d'écume et portant des livres sous le bras. Quand ils arrivèrent à la barrière, l'un d'eux sortit une montre d'or et dit à l'autre : « Il est quatre heures vingt minutes. » Des montres d'or et des pipes d'écume, ça ne va pas bien avec les blouses, que je me dis; ces gens sont des malfaiteurs, et je m'avançai vers eux.

— Ont-ils fui à votre approche? demande le maire.

— Non, ils n'ont pas fui, répond papa Citrouillard, ils sont restés parfaitement tranquilles; je m'avançai donc vers eux et je dis au premier : « Jeune homme, vos papiers, s'il vous

« plaît. — Mes papiers? fit-il, je n'en ai point. « Mon ami et moi nous sommes ici pour quel- « ques jours. On ne songe pas à prendre un « passe-port pour une courte excursion comme « celle-là. — Ainsi vous n'avez pas de passe- « port, ni l'un, ni l'autre? — Non, dirent-ils « ensemble. — Ni un certificat de baptême? « continuai-je. — Encore moins un certificat de « baptême, répondit l'homme à la montre d'or. « — Ni seulement un livret? dis-je pour leur « donner une dernière chance. — Pas même un « livret, s'écrièrent-ils en riant. — C'est bien, « votre cas est clair. Vos mains blanches prouvent « assez que vous n'avez pas fait de travail hon- « nête, ces derniers temps. De plus, vous n'avez « pas un seul papier qui me permette de con- « stater votre identité. Mon devoir est de vous « arrêter et de vous conduire devant M. le « maire. »

— Parfaitement, Citrouillard, dit M. Blaireau avec un regard de triomphe au voyageur. Où sont ces deux hommes?

— Dehors, monsieur le maire, et je ne peux pas dire qu'ils aient fait de difficulté pour me suivre, car ils m'ont pris chacun par un bras, comme si c'était moi qu'ils conduisaient, et ils chantaient « Le sire de Framboisy » en traversant le village.

— « Le sire de Framboisy ! » une chanson défendue ! s'écrie le maire. Conduis-les ici immédiatement. Messieurs, vous m'excuserez, mais ce peut être une importante capture. » Et M. Blaireau, plongeant sa main dans la poche inférieure de son habit, en retire les insignes de sa dignité : une cocarde en soie tricolore avec des rubans à franges d'or; insignes qu'il se boucle prestement autour du bras.

« Je les ai toujours sur moi pour des cas imprévus comme celui-ci, dit-il » avec sagacité, puis il vide les cendres de sa pipe, boit la bière de sa chope, enfonce son chapeau sur sa tête et se prépare à juger. Les deux « vagabonds, » comme ils étaient décrits par le procès-verbal, font leur entrée, le lorgnon à l'œil.

« C'est à monsieur le maire que nous avons l'honneur de parler ? dit le premier en s'inclinant.

— Oui, monsieur, réplique le maire, surpris de tant de froideur. Qui êtes-vous et comment vous appelez-vous ? »

Le plus âgé des deux vagabonds tire un portefeuille de sa blouse et y prend une carte.

« Mon nom, dit-il, est M. G..... Je suis peintre et chevalier de la Légion d'honneur. Mon ami ici présent est M. P....., également peintre et également chevalier de la Légion d'honneur. Nous sommes venus ici pour faire du paysage pendant quelques jours, et nous étions en train de dessiner votre gracieuse église, quand ce monsieur et son chien sont venus nous dire que vous désiriez nous avoir à dîner. Comme nous nous sommes fait une règle de ne jamais refuser une offre courtoise, monsieur le maire, nous avons accepté la vôtre, et nous voici. Peut-être serez-vous assez bon pour nous faire connaître le nom de l'intelligent fonctionnaire qui nous a transmis votre invitation; ayant tous deux quelque influence auprès de votre préfet, M. de Tournevis Crampon, nous pourrons, je crois, lui procurer de l'avancement. »

C'était le dernier coup; M. Blaireau essaye en vain de dénouer son brassard et de s'en débarrasser sans être vu.

« Citrouillard, dit-il d'une voix sourde, tandis que le voyageur riait. à gorge déployée, Citrouillard, vous avez fait erreur, lâchez ces deux messieurs. »

La mise en liberté des prisonniers s'effectue par la brusque retraite de Citrouillard, qui descend les escaliers quatre à quatre, suivi de son chien sans queue. Le commis voyageur, qui est assis près de la fenêtre, le voit traverser le village en courant, comme s'il était poursuivi par un braconnier. Les deux artistes restent debout au milieu de la salle ; à leur droite, le capitaine des pompiers s'est respectueusement découvert; à leur gauche, M. l'instituteur les considère, muet d'admiration ; devant eux, M. le maire, le chapeau à la main, les prie de s'asseoir. Tableau.

Considérant que M. le maire est le principal personnage de la commune, le président *ex officio* du Conseil municipal, celui qui unit les couples devant la loi, qui surveille les élections et garde les urnes pendant la nuit qui suit le vote ; considérant qu'il a des pouvoirs discrétionnaires pour décider des réunions qui peuvent être tenues dans la commune et des banquets qui peuvent y être donnés, qu'il représente ladite commune dans les affaires officielles, et qu'il est en même temps le chef et le directeur de près de 3,000 âmes, on pourrait attendre de lui quelque éducation et un peu plus d'esprit que n'en a M. Blaireau. Cependant M. Blaireau n'est pas un type rare parmi les maires. Il n'est ni le plus sot, ni le plus envieux de ses trente-sept mille collègues. A coup sûr, il ne brille pas d'un très-grand éclat, et si les maires étaient choisis par les communes, comme cela se pratiquait avant le second Empire, il est très-évident que ce n'est pas lui qui aurait été élu. Il n'est pas même membre élu du Conseil municipal, bien qu'il préside cette assemblée, qu'il ait le droit de suspendre ses délibérations et d'ajourner ses sessions à sa guise.

Les membres du Conseil appartiennent presque tous à la noblesse du voisinage. Il y a parmi eux deux comtes, un ex-préfet, un député, et six riches agriculteurs qui valent cinquante fois M. Blaireau. Mais tous ces messieurs ont quelque défaut qui les rend inaptes au poste de maire. Le marquis et l'un des comtes sont légitimistes, le second comte et l'ex-préfet sont orléanistes, le député est libéral. Quant aux six derniers, quelques-uns ont été essayés, mais aucun ne s'est trouvé l'homme du gouvernement. L'un d'eux donna le désastreux exemple de voter contre le candidat officiel; un autre était opposé à la conscription; un troisième annonça son intention de rester neutre pendant une élection; un quatrième, vertement tancé parce qu'il s'était montré trop doux pour des tapageurs, ne tarda pas à donner sa démission.

Le choix d'un maire n'est pas chose aussi facile qu'il semble à première vue. L'administration française est un puissant mécanisme de rouages, dirigé par M. le ministre de l'intérieur. Quand Son Excellence tourne le cabestan, il fait mouvoir les quatre-vingt-dix grandes roues nommées préfets et les trente-sept mille petites roues appelées maires. Si l'une des roues ne marche pas correctement, on essaye d'y mettre un peu d'huile, et si l'huile ne réussit pas, on remplace la roue. Or M. Blaireau est une excellente roue. Parfaitement imbu de l'importance de ses fonctions, il considère comme un suprême honneur d'être en correspondance directe avec le préfet et de recevoir ses ordres d'un si puissant personnage. Ne connaissant rien des partis ni de la politique, il lui suffit de savoir que, si un libéral arrive au pouvoir, il perdra sa place. Avec cette menace suspendue sur sa tête, il est capable de tout, et la perspective de la Légion d'honneur, qui s'ouvre devant ses yeux éblouis, le fera marcher aussi loin qu'on voudra sur le chemin du zèle officiel.

Il faut ajouter qu'il a pour le nom de Bonaparte cette profonde vénération qui se rencontre encore dans les campagnes. Je ne crois pas qu'il soit très au clair sur la personne de son souverain; à peine sait-il si c'est lui qui combattit à Austerlitz, ou l'un de ses fils. Mais le nom de Napoléon lui suffit, et l'idée que quelqu'un puisse songer à s'opposer à un pareil monarque, en paroles ou en actions, lui semble être une forme de folie qu'il ne comprend pas, et à laquelle il appliquerait volontiers un régime de douches et de camisoles de force.

Avant les dernières élections, M. Blaireau fut averti que l'opposition mettait en avant une candidature libérale dans sa circonscription, et qu'il aurait à faire tous ses efforts pour n'être pas battu. Là-dessus, cet homme remarquable prononça ces paroles : « Quoi ! encore de l'opposition ? Ils n'auront donc jamais fini, ces mâtins-là ? Eh bien, je vais vous dire, moi, si j'étais empereur, il n'y en aurait plus, d'opposition : je nommerais tous mes députés moi-même ! »

XIII

LE JUGE DE PAIX.

Quand l'empereur Alexandre visita Paris en 1867, une chose le frappa plus encore que les cascades de Schneider, que le Laffitte 1846, et même que le café Anglais : cette chose était la justice de paix, organisée dans toutes les mairies de Paris. Il connaissait déjà, pour en avoir l'analogue chez lui, la justice telle qu'elle est rendue au Palais de Justice et surtout dans la sixième chambre, celle des journalistes; mais la justice à bon marché, impartiale, commode était pour lui un phénomène tout nouveau qui lui ouvrit des horizons inconnus. « Sa Majesté ne se lasse pas d'écouter les juges de paix, disaient les journaux officieux, et de voir comment ils tranchent les nombreuses questions soumises à leur juridiction. » L'empereur allait donc, à dix heures du matin, avant déjeûner, dans une des mairies; et, en quittant la France pour rentrer chez lui, il annonça à quelque confident son intention d'acclimater en Russie l'excellente institution qui lui plaisait si fort.

Je dois avouer que ceci me rappelle un peu certaine anecdote racontée par un voyageur revenu d'Afrique — ce sont toujours des voyageurs revenus d'Afrique qui racontent ces histoires-là — à propos d'un roi quelconque que nous appellerons, si vous voulez, Bungo. Ce voyageur, ayant pénétré dans le royaume de cet intelligent potentat, fut mandé à la cour et prié de faire une description détaillée de son pays. L'Anglais se mit aussitôt à narrer les glorieux monuments de Londres, puis la merveilleuse constitution britannique, qui fait si bien la part du souverain, des seigneurs et des communes. Son langage était tellement chaleureux, que Bungo fut pris d'un noble enthousiasme.

« Par ma barbe, dit-il, étranger, toi voir parlement à moi, quand toi revenir ici. »

Il est probable que le voyageur n'eut qu'une médiocre confiance en cette promesse, car il se rappelait qu'une façon de roi Bungo européen, qui régnait autrefois à Naples, avait fait pareille promesse, en 1848, à sir William Temple, sans avoir la moindre intention de la mettre à exécution. Cependant, dans le cas particulier, le souverain tint royalement parole, et quand, à son retour, l'Anglais traversa ses terres, il lui cria sur le ton joyeux d'un enfant qui aurait trouvé un nouveau jouet :

« Dis, toi, maître, venir voir nouveau parlement à moi. »

En disant ces mots, il descendit du trône et sortit du palais dans l'intention évidente de tenir une assemblée parlementaire. Le cérémonial de l'ouverture fut simple, mais imposant. Le roi venait le premier, vêtu d'une paire de caleçons en coton et d'un large chapeau, suivait le premier ministre dans le même équipage, moins le chapeau, puis marchait la foule des courtisans, des soldats, du peuple, et l'Anglais. Le cortége n'eut pas à aller bien loin. Il se trouva en cinq minutes sur un champ où travaillaient quelque deux cents nègres. Ici le roi s'arrêta; le premier ministre se mit à souffler dans un cornet, et les deux cents nègres accoururent, les plus paresseux aidés par la cravache parlementaire de quelques surveillants.

« Eh bien, s'écria le roi en s'adressant à cette assemblée, je vous ai fait venir vous tous, mes fidèles députés, pour vous montrer à cet étranger. Maintenant je vais vous éprouver; attention. Que tous ceux qui m'aiment, qui sont satisfaits de payer les impôts et qui veulent me voir heureux passent à droite. Et que tous ceux qui sont de misérables vauriens (ici Sa Majesté brandit son sabre avec un geste menaçant), que tous ceux qui me détestent, qui souhaitent mon malheur et qui ne veulent pas de moi pour roi, aillent à gauche! »

Le parlement du roi Bungo se porta à droite comme un seul homme.

« Très-bien, dit le roi; en voilà assez pour aujourd'hui, retournez à votre travail. »

Et se tournant du côté de l'Anglais :

« Voilà chambre des communes à moi, maître, dire : qu'est-ce que penser? »

A en juger par les rapports qui nous arrivent de temps à autre de Pologne, où les terres sont confisquées, les propriétés saisies et les contrats annulés avec la plus exemplaire régularité, il semble que la méthode d'Alexandre, en matière de justice de paix, soit proche parente du système parlementaire du roi Bungo. Mais, après tout, ce ne sont pas là nos affaires; passons donc, et causons un instant de maître Robin, le juge de paix de mon arrondissement.

J'ai souvent vu ce petit homme sortant d'un air satisfait de la mairie après son travail journalier, c'est-à-dire vers cinq heures du soir, pour se rendre à son café habituel, où il passe une heure entre un « bock », ses dominos et les journaux du soir. J'ai souvent remarqué l'air fin de sa physionomie, le brillant aspect de ses lunettes d'or, la coupe correcte de ses cheveux grisonnants et la parfaite propreté de ses vêtements noirs. Sa barbe est rasée, à l'exception de deux petits bouts de favoris, il porte le ruban rouge à la boutonnière et ne prend jamais d'absinthe; trois choses qui le désignent d'avance comme un homme sérieux, et qui engagent les garçons à lui parler avec respect. J'aurais pu, cependant, le voir ainsi bien des années et ne jamais savoir qui il était, sans l'importante affaire qui me mit en relation avec lui. Mon concierge Alphonse, en apportant mes lettres, apparut un matin avec les visibles symptômes d'un récent conflit personnel. Son œil gauche était bleu et la place du nez était occupée par une masse informe qui, dirait M. V. Hugo, n'avait plus rien d'humain. Alphonse était un ancien soldat assez soigneux de sa personne.

« Eh bien, qu'est-ce? lui demandai-je; j'espère, Alphonse, que vous n'avez pas été vous mêler à ces désordres électoraux? »

Alphonse s'avança vers la glace, se considéra de face et de profil, puis répondit tranquillement :

« C'est mon ami Jules qui m'a arrangé comme cela; mais c'est égal, on le lui payera plus tard.

— A quel propos? fis-je.

— Figurez-vous, s'écria Alphonse en gesticulant, que j'allai voir mon ami Jules, hier soir, pour lui parler des élections. Je lui dis : « C'est « M. Devinck, le marchand de chocolat, qui est « candidat de notre arrondissement. Le devoir « d'un vieux soldat est d'obéir aux ordres de son « chef, je vote donc pour M. Devinck. — Non, dit « Jules qui est aussi un ancien soldat, je n'aime « pas le chocolat, je voterai pour l'empereur. « — Mais, lui expliquai-je, ça revient au même; « l'empereur ne peut pas être son député, c'est « pourquoi il propose M. Devinck; si tu votes « pour M. Devinck, tu votes pour l'empereur. — « Je te dis que je n'aime pas le chocolat, cria « Jules; s'il était marchand de café, à la bonne « heure; mais le chocolat ne me convient pas et « je vote pour l'empereur. — Alors ton vote ne « comptera pas, lui dis-je. — Comment diable! « il ne comptera pas! s'écria Jules en me tom- « bant dessus; mon vote est aussi bon que le « tien, comprends-tu; » et piff, paff, avant que j'aie pu dire un mot, il me poche l'œil, m'enfonce le nez, et d'un coup de pied appliqué par derrière m'envoie rouler au bas des escaliers... Mais c'est égal, continua Alphonse tout ému au souvenir de ces injures, j'ai assigné Jules ce matin devant le juge de paix, et vous allez voir, il me payera ça.

— J'irai avec vous, dis-je, pour voir la loi vous venger de Jules. A propos, comment obtenez-vous une assignation et que vous coûte-t-elle?

— Cinquante centimes. Pour l'avoir, vous n'avez qu'à déposer du fait. Si Jules est condamné, c'est lui qui payera les dix sous.

— Oui, mais s'il ne venait pas?

— Alors, parbleu, maître Robin lui enverrait une seconde assignation qui coûte 2 francs, et, cette fois, c'est Jules qui la paye, coupable ou non. S'il ne vient toujours pas, le juge envoie une troisième assignation de 5 francs, qu'il est obligé de payer; s'il refuse encore, le juge va chez lui et ajoute 20 francs d'amende pour ce fait. Cette fois-ci, il ne peut plus échapper. Le juge écoute sa défense. Si la décision est contre lui, on lui donne un certain temps pour payer; à la fin de ce temps, s'il n'a pas apporté l'argent, on saisit sa propriété pour la mettre en mise.

— Il est probable que Jules ne manquera pas de venir, remarquai-je.

— Vous pouvez en être sûr, » dit Alphonse en sortant pour aller faire toilette. »

Notre mairie est un de ces nouveaux et grandioses bâtiments que Paris doit à la munificence de M. Haussmann. Les escaliers intérieurs sont vastes comme ceux d'un palais, et, quoique la foule soit toujours nombreuse à la justice de paix, Alphonse et moi nous pûmes gagner la porte sans être bousculés. L'inévitable garde de Paris, muni de son shako, de son ceinturon et de son coutelas, gardait l'entrée du sanctuaire avec la consigne d'empêcher qu'on n'encombrât la salle. Mais Alphonse, qui était plaignant, fut introduit par une petite porte fermée au public. Sans en avoir le droit, je le suivis.

L'Angleterre ne possède rien d'analogue à la justice de paix, bien que Napoléon Ier, lorsqu'il fonda cette institution, en ait emprunté le nom de l'autre côté de la Manche. Un tribunal de police anglais ne lui ressemble guère, car les juges de paix sont incompétents dans les cas de crimes et d'inconduite, tandis qu'ils examinent une foule de cas qui échapperaient à la juridiction de ces tribunaux. Aussi bien des injustices, qui ne peuvent obtenir de redressement en Angleterre, sont-elles très-ordinairement punies par les juges de paix (pourvu que la politique n'y entre pour rien) sans dépenses, délais, ni difficultés, de la manière la plus équitable, la plus naturelle et la plus simple du monde.

La salle dans laquelle je suivis le malheureux Alphonse était divisée, par une barrière, en deux portions inégales, — la plus grande pour le public, la plus petite pour les parties. Sur une estrade, haute d'un pied, étaient un fauteuil et une table. Au centre de l'espace réservé aux plaignants se trouvait une grande table couverte d'objets relatifs aux querelles à juger. A cette table était assis un secrétaire : le greffier. Le fauteuil était occupé par mon petit ami aux lunettes d'or, l'habitué du café X. A première vue, la salle aurait pu passer pour une cour de justice ordinaire, mais les différences n'étaient pas difficiles à discerner : point de places pour le procureur impérial, ni pour les avocats. Chacun plaide pour lui-même à la justice de paix, plaignant et défendant sont questionnés de la même manière. Le juge fait ce qu'il peut pour découvrir la vérité, et les légistes ne sont pas indispensables à cette recherche. Le cas traité, au moment de notre arrivée, était celui-ci : Un ouvrier achète un pot de pommade pour le prix de 1 franc. En rentrant chez lui, il examine la pommade et la trouve rance. Il retourne chez le parfumeur et lui demande un autre pot en échange. Refus du parfumeur. L'ouvrier arguë, proteste, vocifère et finit par envoyer une assignation. Le juge de paix regarde la pommade :

« Pourquoi refusez-vous de donner un autre pot à cet homme? demande-t-il au parfumeur.

— Je ne vois pas pourquoi je le ferais, répond le défendant. Monsieur vient et choisit un pot; s'il est bon, tant mieux pour lui; s'il est mauvais, c'est encore son affaire.

— Non pas, prononce le juge, vous ne tenez pas une loterie, mais un magasin; en prenant l'argent de votre client vous vous engagez par un contrat tacite à lui donner de bonne pommade. Vous payerez 1 franc pour le pot, 5 francs pour compenser les pertes de temps de votre client, et 50 centimes pour l'assignation. A un autre. »

Le cas suivant est celui d'une propriétaire qui a loué quelques chambres pour trois mois à un monsieur, sans savoir que ce monsieur jouait de la flûte. (On produit le monsieur et la flûte.) Une fois installé, son locataire s'est mis à jouer de bon matin et a continué jusqu'au coucher du soleil. La propriétaire estime que, dans ces circonstances, elle a le droit de mettre son locataire à la porte; le locataire maintient, au contraire, qu'il peut rester trois mois dans son appartement et jouer de la flûte aussi souvent qu'il lui plaira.

« Sans doute vous en avez le droit, dit le petit Rhadamanthe en lunettes, mais, monsieur, croyez-vous que ce soit le fait d'un galant homme de maintenir son droit aux dépens d'une dame? » Et il mit un point d'interrogation dans chacun de ses petits yeux.

Avec ces mots magiques « galant homme » et « dame, » on fait d'un Français tout ce qu'on veut. Le flûtiste se prit à hésiter, et, dès ce moment, il ne fut pas difficile de le décider à un arrangement dont les termes étaient, autant que je m'en souviens : contrat annulé à l'amiable, séjour du locataire dans son appartement jusqu'à ce qu'il en ait trouvé un autre, pendant ce temps abstinence totale de flûte. En prononçant sa petite sentence, le juge eut soin d'observer, comme une règle imposée par l'honneur, que toute personne affligée de la manie de jouer de la flûte doit faire connaître son infirmité à ceux qu'elle pourrait obséder. Cela dit, il fit grincer sa plume sur son encrier et, de sa voix habituelle, il appela le cas suivant.

Une douzaine d'affaires furent ainsi réglées dans l'espace de deux heures et, parmi celles-ci, la querelle d'Alphonse avec son ami Jules, qui fut condamné à payer 10 francs en deux termes, non comme amende pour batterie, mais comme indemnité pour les frais supposés qu'exigerait la guérison d'un œil poché. Le juge faisait toujours son possible pour arranger les parties en présence, et, quand il n'y parvenait pas, ses décisions étaient honnêtes, polies, équitables. Quelques-uns des cas qui lui furent soumis concernaient de fortes sommes d'argent, d'autres de simples bagatelles. Il n'y a guère de limites à la juridiction d'un juge de paix. S'il est accepté comme arbitre par le plaignant et le défendant, il peut trancher une affaire d'un million aussi bien que celles de quelques centimes. Souvent il arrive que, dans ces cas particuliers, le juge de paix a besoin des conseils d'experts professionnels. Il y a, dans ce but, un état-major d'experts attachés à chaque mairie, et ces messieurs, dont les connaissances collectives embrassent toutes les variétés de métiers, sont toujours prêts à estimer la valeur de tous les objets animés ou inanimés qu'il est possible de vendre et d'acheter. Après avoir entendu maître Robin, pendant toute une après-dînée et ses jugements en matière de chiens volés, de gages disputés et de dettes grandes ou petites, je ne fus pas surpris d'apprendre qu'on appelle très-rarement des décisions du juge de paix auprès des cours supérieures.

Le Parisien, qui ne croit à rien, croit au juge de paix. Il ne s'en moque jamais, il est sûr de son intégrité et va lui demander redressement ou arbitrage dans une foule de cas où, ailleurs, on ne songerait pas à consulter une tierce personne. C'est à la fois un avantage et un inconvénient, — un avantage, parce que la justice à bon marché est toujours une chose utile, un inconvénient parce que ces recours perpétuels à un intermédiaire n'habituent pas à se gouverner soi-même. Le Français ne sait pas assez compter sur lui-même, il est trop disposé à croire qu'un homme n'a pas besoin de cerveau aussi longtemps qu'il a une « administration » pour penser à sa place.

Mais il est, à ce tableau, une ombre plus prononcée encore, et c'est le gouvernement qui est responsable de ce revers de la médaille. Autant est grande la confiance qu'inspirent les juges de paix dans les villes importantes, où ils sont, jusqu'à un certain point, soumis au contrôle de la presse, autant, dans les districts ruraux, ils méritent et obtiennent peu cette confiance. Dans la campagne, il y a un juge de paix pour chaque canton, un canton comprenant de dix à douze communes. Or le juge de paix est, dans son canton, le grand arbitre de ces innombrables querelles qui se perpétuent entre paysans et dont la somme constitue ce qu'on est convenu d'appeler la félicité rurale. Il ne faut dès lors pas s'étonner si son influence est très-étendue et très-puissante. Fermiers et ouvriers ont soin d'être en bons rapports avec un homme à l'impartialité duquel ils peuvent être continuellement obligés d'appeler; ils sont ses serviteurs obéissants et suivent son mot d'ordre. Le gouvernement, qui sait parfaitement à quoi s'en tenir à cet égard, a coutume d'employer ce prestige des juges de paix à un but absolument incompatible avec leurs fonctions. Les juges de paix, corrompus par des promesses de promotion et de décoration, ont été trop souvent, en province, les agents déclarés de l'administration en matière d'élections et de candidatures officielles. Plus encore que les préfets, que les maires et que les prêtres, ils ont contribué à remplir les urnes de bulletins sans conviction, et le résultat de ces manœuvres est que, parmi les populations qui commencent à s'éveiller de leur long sommeil, le juge de paix, au lieu d'être ce que Napoléon Ier désirait qu'il fût : — le père du canton, — est de plus en plus l'objet de sentiments où l'affection filiale ne joue qu'un rôle excessivement subalterne.

XIV

LE MAGISTRAT.

La plupart des journalistes français, sceptiques ou autres, croient que le vendredi est un jour néfaste parce que les affaires de presse passent, le vendredi, devant la sixième Chambre de police correctionnelle. Alors que les curés jeûnent et que les vieilles filles font leurs oraisons, les chevaliers de la plume se rendent au tribunal par détachements de deux ou de trois. C'est toujours une bonne journée pour le badaud parisien. Accoutumé à voir les journalistes signer leurs articles et flâner sur le boulevard chaque après-midi, entre trois et cinq heures, il finit bientôt par se croire en relations familières avec eux. Non pas que, dans la règle, il leur ait jamais parlé; mais qu'importe? Il les a vus au café de Madrid, il a soupé à leurs côtés au Helder, il s'est souvent vu interpeller par eux sous le nom « d'ami lecteur » dans la chronique du soir; enfin, il s'arrange pour rassembler une foule de renseignements sur leur manière de vivre, leurs gages, leurs relations particulières et leurs tailleurs.

C'est pourquoi, dès que le badaud apprend que l'un de ses favoris, Achille Pinson ou Timoléon Tartine, par exemple, est engagé dans quelque mauvaise affaire, son âme s'emplit d'une vague inquiétude. Il ne peut dîner sans avoir entrevu Achille, sans savoir si son héros supporte bien la fortune adverse. Le court paragraphe dans lequel Achille annonce modestement que, « malgré ce nouveau coup que vient de lui porter l'oppression, il restera à son poste de combat, sur la brèche, luttant avec le courage, la grandeur d'âme et le désintéressement qui l'ont inspiré jusqu'ici, » est peu fait pour mettre un terme à son agitation et pour lui dévoiler les secrètes angoisses qui doivent ravager « le grand cœur » d'Achille. Pendant la semaine qui s'écoule entre la citation d'Achille et sa comparution, le badaud poursuit le journaliste sur les boulevards, l'attend dans les cafés et lui écrit une lettre anonyme, messagère de son admiration. Le jour même du procès, il est au Palais de Justice, planté sur les escaliers de la police correctionnelle, ou cherchant à pénétrer dans l'enceinte de la sixième Chambre, et vivement apostrophé par le municipal en fonctions, qui lui demande, gesticulant, s'il pense entrer par la force du poignet. D'une manière ou d'une autre, le badaud s'arrange d'ordinaire pour arriver à ses fins ; mais la foule des amis masculins et féminins d'Achille est si considérable, qu'il en est réduit à se tenir debout près de la porte. Le badaud ne se plaint pas. Il brûle de contempler Achille à la barre, d'entendre comment ce génie fertile, qui sait distiller trois colonnes par jour, se défendra d'avoir excité ses lecteurs à la haine et au mépris du gouvernement.

Peut-être fera-t-il un discours. Qui sait? N'a-t-il pas déclaré, il y a trois semaines, que, si jamais les mirmidons du pouvoir le traînaient devant la loi, il ferait trembler ses juges et rougir le buste de Napoléon? C'est un moment palpitant d'intérêt. Dix minutes à peine, et le drame va commencer. Le badaud, que l'enthousiasme inspire, se dresse sur la pointe des pieds pour mieux voir les célébrités dispersées dans la salle. A quelques pas de lui est assis Timothée Trimm — Léo Lespès, comme on l'appelle dans la vie privée, — qui est en train de faire la fortune du *Petit Moniteur* après avoir fait celle du *Petit Journal.* Il tient un morceau de papier, un bout de crayon, et écrit sur son chapeau. Évidemment, cet homme connaît la valeur du temps, il écrit sans doute sa chronique du lendemain. Sur le banc voisin est assis Cham, ou plutôt le vicomte de Noé, car le badaud aime à montrer qu'il sait aussi le vrai nom de ces gens de lettres. Lui encore a du papier, un crayon et — me pardonne le ciel — il s'occupe à dessiner le nez camus du fonctionnaire municipal; nous le verrons paraître dans le prochain numéro du *Charivari.*

Place aux dames maintenant, car voici deux

jeunes personnes, tout soie et chignon, qui grignotent quelques pralines que M. Adrien Marx leur a offertes. Le badaud les connaît aussi, il connaît tout le monde. L'une est Mlle Turlupine, des Bouffes; l'autre Mlle Gredinette, des Folies-Dramatiques. Toutes deux ont une tendre sympathie pour l'accusé. Elles ne savent pas bien pourquoi il se trouve ici; elles ont le vague sentiment que ce doit être pour avoir essayé d'élever une barricade, mais enfin elles se feront un devoir de pleurer au bon moment, quand il sera condamné à trois mois de prison; en attendant, elles adressent des signes de reconnaissance à leurs admirateurs, et parlent entre elles de ce pauvre garçon, ce brave mais infortuné Achille.

Silence! Une porte vient de s'ouvrir derrière le dais. Un petit huissier entre et crie : « la Cour! » Les chapeaux s'enlèvent, tout le monde est debout, les crayons, le papier, les pralines disparaissent, et l'un après l'autre, comme trois vengeurs silencieux, passent Minos, Éaque et Rhadamanthe, les trois juges qui doivent punir Achille.

Si, dans une exécution, la plus intéressante

personne est le coupable qui va subir sa peine, la plus intéressante après lui est à coup sûr celle qui la lui fera subir. C'est pourquoi, quand les trois magistrats se sont assis et que l'audience a suivi leur exemple, tous les yeux, depuis ceux du badaud jusqu'à ceux de Mlle Turlupine, sont fixés sur le juge-président, M. Minos. Comme le juge de la sixième Chambre change chaque année, je ne désignerai personne en disant que M. Minos est un homme épais, florissant, avec les yeux perçants d'un faucon et un front massif. Vêtu de noir et portant robe, il rappellerait un ecclésiastique anglais de l'Église militante, n'était l'inévitable ruban rouge et la croix d'émail blanc qui ornent sa poitrine. Ce ruban et cette croix suffisent au signalement de l'homme; M. Minos est un juge qui comprend son devoir. Malheur à qui est accusé d'un délit contre le gouvernement, malheur au journaliste, au tapageur qui voudrait implorer l'indulgence de la Cour! M. Minos n'a qu'un regard glacé pour les appels de ces gens-là; parfois même il se décide à doubler la punition.

Pour ceux qui ne connaissent pas les articles

de la procédure française, il est bon d'observer qu'un procès en France et un procès en Angleterre sont deux choses fort différentes. Dès qu'un Français est en état d'arrestation, il est examiné par le juge d'instruction, dont l'affaire est de rassembler des preuves en questionnant l'accusé et tous les témoins séparément. Ce système d'examen en secret paraîtra singulier à quelques-uns, mais il a le mérite d'être un excellent moyen de parvenir à la vérité. Aussi longtemps que se poursuit l'instruction, et elle peut durer de deux jours à trois mois, le prisonnier ne communique avec personne. Il ne voit ni n'entend les témoins. Quelquefois il est questionné jusqu'à cinquante ou soixante fois par le juge d'instruction, et chacune des questions posées, avec les réponses faites, est transcrite par un secrétaire. Il est rare qu'un coupable soutienne cette épreuve jusqu'au bout. Ceux qui peuvent subir cinquante examens de conscience sans se laisser prendre en flagrant délit de contradiction sont gens d'étoffe remarquablement solide. La plupart avouent tout, au bout de quelques jours; on connaît même un cas où une pauvre femme, poussée à bout par les questions du juge, lui confessa un crime qu'elle n'avait jamais commis.

Une fois cette première partie achevée, le juge d'instruction ou bien décharge l'accusé, ou bien le remet aux tribunaux. Si l'offense est un délit, il l'envoie en police correctionnelle, où siégent trois juges sans jury. Si c'est un crime, il réfère du cas à la Chambre des mises en accusation, sorte de grand jury permanent qui revoit le dossier de l'instruction et renvoie d'ordinaire le prisonnier devant la Cour d'assises, où il est jugé par trois juges et un jury de douze membres.

Au jour fixé pour le jugement, le prisonnier vient se placer sur le banc des accusés et, que ce soit à la Cour d'assises ou en police correctionnelle, il écoute le réquisitoire de l'avocat impérial (procureur général), long document dans lequel toutes les actions de sa vie, depuis sa naissance, sont relatées. Après quoi, il est questionné de nouveau, mais en public, et chacune de ses réponses est comparée avec celles qu'il donna au juge d'instruction. Puis les témoins sont entendus, le procureur impérial et l'avocat de la défense font leurs discours, et les juges ou le jury, suivant le cas, se retirent pour rendre leur verdict.

Il est facile de comprendre que le rôle assigné par la loi française au juge-président du Tribunal exige une fermeté et une rectitude parfaites pour être rempli avec impartialité. Si le juge a quelque prévention contre l'accusé, ses questions assument cette forme agressive qui leur donne l'apparence d'autant de dénonciations. Les juges français interpellent l'accusé d'une manière qui produirait une émeute dans une cour de justice anglaise, et plusieurs Anglais, après avoir suivi une séance des tribunaux français, s'en vont avec cette idée que le juge et le procureur impérial sont une seule et même personne. Aussi la magistrature est-elle loin de s'être gagné l'affection ni la pleine confiance du peuple français. Une idée, très-fortement ancrée dans les basses classes, veut qu'un homme, une fois remis aux tribunaux, ne puisse être sauvé que par un miracle; et cette idée n'est pas sans crédit parmi les gens d'éducation, car il est presque proverbial, en France, que là où la politique se mêle aux faits imputés à l'accusé, son cas est désespéré.

Un bon gouvernement aurait pris peine à écarter cette fâcheuse impression et aurait tout fait pour augmenter l'indépendance des juges. Il aurait évité avec soin de leur conférer aucune de ces faveurs qui étonnent le public et font dire : « Ce juge vient d'être décoré, quel service secret a-t-il rendu au gouvernement? » Il aurait surtout confié le jugement des affaires politiques et des délits de presse à un jury; car, même alors, les juges eussent eu suffisamment de peine à paraître impartiaux dans leurs questions. Au lieu de suivre cette voie, les différents ministres du second Empire semblent avoir pris pour but principal de leur politique de discréditer la magistrature. S'ils avaient expressément cherché à exciter un mépris universel pour le corps tout entier des juges, ils n'auraient pu mieux faire. Prenez, par exemple, le cas de M. Minos.

Notre digne ami, Achille Pinson, n'est pas depuis deux minutes sur la sellette, qu'il devient évident, d'après les questions à lui adressées par la Cour, que M. Minos est décidé non-seulement à le condamner, mais à lui donner trois mois de prison par-dessus le marché. Achille Pinson, disons-le, a écrit un article assez insignifiant sur la condition de la France, qu'il connaît peu, comparée à celle de l'Amérique, qu'il ne connaît pas. M. le ministre de l'intérieur eût laissé passer cette composition, que personne n'en aurait beaucoup souffert, sauf peut-être Achille lui-même, qui n'aurait trouvé personne pour lire son article et qui en aurait été fort vexé. Mais Achille a été assigné et, après quelques questions du juge d'instruction, remis à la sixième Chambre pour être jugé. Si M. Minos était un homme d'esprit, il se contenterait de prouver très-courtoisement à Achille que son article est un galimatias légèrement compliqué d'insanité. Après quoi il l'acquitterait, en lui donnant l'assurance qu'aussi longtemps que le Gouvernement n'a pas d'ennemis plus dangereux à combattre, il peut dormir tranquille. L'effet de ce speech eût été infailliblement d'exaspérer Achille. Il serait sorti du Palais de Justice absolument déconfit. Son ami, le badaud, eût réprimé un sourire, ses amis, les journalistes, ne l'eussent pas réprimé. Sur les boulevards, l'histoire eût été citée comme une bonne plaisanterie, le Gouvernement se serait fait à bon marché une réputation de libéralisme, et M. Minos aurait passé partout pour un juge à l'esprit droit et fin. Avant trois jours, l'éditeur d'Achille l'aurait prié de quitter le département de la politique pour entrer dans celui des faits divers, et Achille, la rage dans l'âme, se serait dès lors contenté d'enregistrer, à la troisième page, les morts subites et les affreux accidents. Mais l'idée de porter ce coup de maître ne vient pas même à M. Minos. Gros de son importance, gravement occupé à faire d'un caillou une montagne, il se met en devoir d'élever un écrivain médiocre, sans grand talent et sans aucun principe, au rang d'un martyr politique. Voyez comme il interroge Achille. Chaque ligne de son insipide article devient le réceptacle de quelque trahison et se met à resplendir, menaçante, aux yeux de l'auditoire, comme si c'eût été une traînée phosphorescente capable de mettre le feu à l'Empire. M. Minos, qui est un homme d'éducation, dépense toutes les ressources de son cerveau à prouver que notre excellent Achille est un homme d'une habileté dangereuse et transcendante. Achille subit naturellement l'interrogatoire d'un air résigné, mais fier. Il regarde autour de lui et voit ses amis qui le contemplent avec admiration. Mlle Turlupine et Mlle Gredinette commencent à se quereller à son sujet. Le badaud, près de la porte, ôte ses gants pour mieux applaudir à sa sortie du Tribunal, et quand enfin M. Minos prononce les mots : « Trois mois de prison et 1,000 francs d'amende, » Achille comprend qu'une couronne d'or vient d'être déposée entre ses mains. Une couronne d'or, car la sentence augmentera de cinq mille exemplaires le tirage de son journal. Les éditeurs se le disputeront. Sa valeur sur le marché littérature sera au moins doublée. Ses amis le respecteront. Mlle Turlupine et Mlle Gredinette iront le voir dans sa prison, et ce badaud de la porte, qui représente l'opinion publique à Paris, pensera sans doute qu'il a souffert pour la cause de la liberté et qu'il convient de le nommer député aux prochaines élections. Pauvre badaud ! Pauvre Minos ! Heureux Achille !

Et le Gouvernement, que dira-t-il à M. Minos ?

M. Sacoche, le ministre de la justice, lui criera-t-il, comme Louis XVIII à M. Corbière : « Pour l'amour de Dieu, monsieur, ne me rendez pas ridicule? » Rien de tout cela. Après un an ou deux de travail, M. Minos sera promu conseiller à la Cour impériale et élevé au rang d'officier de la Légion d'honneur. S'il se fût avisé d'acquitter Achille, il est probable que, l'an prochain, M. Sacoche l'eût transféré dans quelque insignifiante Cour de la province. Tant il est vrai que rien n'est aussi aveugle, aussi insensé, ni aussi complétement burlesque que le despotisme.

XV

L'AVOCAT.

Peut-être rentre-t-il dans les données fournies par l'expérience personnelle de nos lecteurs que, sur six bouteilles de bière placées les unes à côté des autres, on en voit parfois une se distinguer de ses camarades en faisant explosion. Or ce qui est vrai des bouteilles en général est vrai des hommes, et ce qui est vrai, en particulier, de la bouteille qui fait explosion est vrai de maître Léon Foudras, qui fit explosion un beau jour, l'hiver dernier, sans avoir averti personne de ses intentions. Le jour qui précéda l'explosion, nul n'avait remarqué de différence entre maître Léon et d'autres bouteilles, — je veux dire d'autres avocats. Il avait la même physionomie (regard pensif et favoris noirs), portait une robe de même étoffe, arpentait chaque jour la salle des Pas-Perdus dans l'attente de quelque client et passait sa soirée au café Procope, entre un bock de bière et un journal de l'opposition. Le matin de l'accident, personne en le voyant aller au Palais de Justice n'eût songé à dire : « Voici un homme qui va faire explosion, » et pourtant, ce même soir, le nom de maître Léon était dans toutes les bouches à Paris. Aux cafés du boulevard, où l'élégant Jules prend son absinthe avec le frivole Octave, au café Anglais, à la Maison dorée, où les princes russes dépensent gaiement tout ce qu'ils ont et un peu plus encore, aux trois clubs légers, — le Jockey-Club, celui des Mirlitons et celui des Moutards, — aux théâtres, aux ministères, aux postes de police, dans tous les salons, boudoirs et cabinets — sans en excepter les Tuileries, — partout la même question sur toutes les lèvres : Avez-vous lu le discours d'André Léon? «

M. Émile de Girardin, dont le brillant langage est toujours à la hauteur des circonstances, raconta comme suit l'événement, dans un article intitulé :

Léon Foudras.

« Etre un homme et se sentir debout devant un gouffre, immense, insaisissable. Saisir sa montre et se dire : « Il est trois heures, le gouffre est devant moi. » Le gouffre! L'abîme! — Reprendre sa montre, une heure plus tard, et se dire : « Il est quatre heures. » Et sentir que le gouffre est franchi. Franchi! Que s'est-il passé? — une heure! non, — un gouffre! Et qu'est-ce que le gouffre? Le gouffre n'est rien, — le gouffre est tout. — Pourquoi n'est-il rien? Parce que le génie le franchit d'un bond. Pourquoi est-il tout? Parce qu'il sépare le troupeau des élus; la masse qui passe inconnue, du petit nombre que le doigt d'or de la popularité a rendus fameux. Maître Léon Foudras, tu as franchi le gouffre. Je te salue.

« ÉM. DE G. »

M. Victor Hugo fut encore plus explicite. Dans une de ces épîtres tumultueuses qu'il se fait un devoir d'adresser aux nations, aux princes ou aux individus, il s'exprima sous la forme suivante :

« Hauteville House, décembre 1868.

« Citoyen, salut! — Sur les hauteurs vertigineuses du pic de Ténériffe, où l'air raréfié coupe comme un rasoir les poumons humains, et d'où le caillou d'une once, que laisse tomber une main négligente, va briser ainsi qu'une noisette la tête du paysan qui travaille tout en bas, — sur l'arête de ce vaste segment de roc qui monte jusqu'aux nues de l'infini, un vautour est perché, considérant sa proie : une colombe à demi étranglée, mais encore vivante. Le pic de Ténériffe est élevé, le vautour n'a rien à craindre. Un paysan laboure dans le lointain, se disant qu'il n'a que six sous dans sa poche. Il se soucie peu de la colombe, ce paysan. Plus loin encore, une femme bat le beurre, mais elle voit son amant qui vient à elle, il faudrait plus qu'un pigeon pour l'en séparer. D'ailleurs, l'aigle seul peut atteindre ces sommets où se pose le vautour. L'aigle, l'oiseau de Jupiter! Le courage joint à la force! Le pouvoir uni à la vitesse! Les aigles sont rares; le vautour est en sûreté... Non pas, cependant, car les lamentations du persécuté sont le clairon qui appelle les champions à la rescousse. Au milieu des sifflements du vent, un aigle s'élance de son aire et plane en cercle au-dessus de la terre et de l'eau, puis, avec un cri, il s'abat sur le pic, aux côtés du vautour. Le vautour est noir, l'aigle est blanc. Tous deux se regardent. Mais le regard du vautour est inquiet, il sait que l'aigle est venu réclamer la colombe. Citoyen, la colombe, c'est l'oiseau de la liberté enlevé dans son nid pendant la nuit du 2 décembre 1851. Le vautour... mais jamais ma plume ne se souillera en écrivant ce nom. L'aigle, c'est toi : Léon Foudras.

« Salut et fraternité,

« VICTOR HUGO. »

Pour parler comme tout le monde, un certain Boquillon défavorablement connu à la Préfecture de police s'était permis de crier un soir : « Vive la République ! » Il est peu probable que ce cri lui fût dicté par une sympathie bien marquée pour les institutions libérales, attendu qu'il s'était souvent engagé à crier : « Vive l'empereur ! » les jours de fête et qu'il s'était toujours acquitté avec zèle de cette besogne pour le prix modique de vingt sous par jour. Boquillon avait souvent été incarcéré pour des délits dénués de tout caractère politique, à moins que l'appropriation des montres et bourses situées dans les poches du voisin ne soit considérée de sa part que comme la stricte application de ses principes communistes. Il n'avait pas de profession et son éducation était très-incomplète. Tout ce qu'il savait des différences qui peuvent exister entre une forme de gouvernement et l'autre, c'était qu'on avait vu, pendant la République de 48, une volée d'oiseaux de galères s'abattre sur les Tuileries pour y mener joyeuse vie avec les bouteilles du roi, tandis que d'autres bandes passaient leur temps à saccager le Palais-Royal et à détruire tout ce qu'ils pouvaient trouver en fait de peintures, de décorations et d'ameublements. Toutes ces distractions étaient de celles que chérissait particulièrement Boquillon et, comme elles n'étaient pas de mode sous le régime impérial, il faut croire que, mis en demeure de choisir, il eût opté pour 48. Cependant, il n'était pas homme à souffrir le martyre pour ses opinions politiques. Boquillon se mêlait à tous les désordres, mais, à l'arrivée de la police ou de la troupe, son sens du devoir reprenait constamment le dessus et le poussait à se retirer parmi les premiers. Ce n'était pas sa faute s'il avait été surpris criant : « Vive la République ! » Il s'était rendu à une réunion publique dans l'intention de s'amuser, c'est-à-dire d'interrompre les orateurs. Un policeman lui avait imposé silence. Boquillon, qui était ivre, avait renversé l'agent, s'était mis à crier : « Vive la République ! A bas les tyrans ! » Un autre agent, qui se trouvait là, l'avait pris au collet et l'avait transporté au poste voisin.

C'était une aventure assez prosaïque, et le léger vernis d'héroïsme qu'elle gardait encore disparut le jour suivant, quand Boquillon, devenu de sang-froid, déclara, les larmes aux yeux, que ce n'était pas lui qui avait commis la faute et qu'il y avait sûrement erreur, les membres de la police étant ses amis personnels et les républicains ses adversaires déclarés.

Le juge d'instruction refusa cependant d'écouter ses lamentations. Il était un de ces fonctionnaires absolument satisfaits d'eux-mêmes qui semblent toujours en quête d'une occasion de ridiculiser le gouvernement qu'ils servent. Au lieu de faire punir Boquillon pour tapage nocturne et débauche publique, il le remit solennellement entre les mains de la justice sous charge « d'avoir émis des cris séditieux, d'avoir essayé de troubler l'ordre public et d'être entré en rébellion ouverte contre les représentants du Gouvernement. » C'était prendre une brosse et du savon pour en laver l'ami Boquillon de la tête aux pieds. Boquillon ivrogne n'eût excité la sympathie de personne, mais Boquillon conspirateur devint aussitôt un personnage dont le pays avait le droit d'être fier, un vaillant soldat de la liberté, un républicain persécuté pour avoir osé proclamer son opinion à haute voix. La moitié du barreau de Paris voulut plaider sa cause. Les discours politiques ont toujours fait la fortune des ambitieux.

Léon Foudras était depuis longtemps en quête d'une occasion comme celle-là ; il offrit ses services à Boquillon gratis et lui envoya vingt francs pour acheter du vin à la cantine de la prison. Boquillon, grandement touché de cette attention et sous l'influence communicative du vin de la cantine, remit son cas et son histoire entre les mains de maître Léon.

Heureusement pour maître Léon, sinon pour son client, l'affaire avait eu quelque retentissement. Pourquoi faut-il que certaines choses fassent grand bruit alors que d'autres, tout aussi importantes, passent inaperçues? C'est probablement qu'ainsi l'a voulu le hasard. Au moment où Boquillon renversa son agent de police, l'opinion publique était en éveil. Un journaliste sut couvrir toute l'aventure d'un voile sombre en décrivant, dans un style palpitant de colère, les violences commises sur Boquillon pendant son trajet jusqu'à la prison. Partout on parlait d'oppression. Personne ne songeait au crâne endolori de l'agent de police, mais chacun plaignait le col malmené du républicain Boquillon. C'en fut assez pour attirer une foule sympathique à l'audience, le jour du procès, et, quand maître Léon se leva pour parler en faveur de son « client persécuté », toute la salle était pleine d'amis de

Boquillon, prêts à l'applaudir. Il ne faudrait pas croire que maître Léon Foudras s'acquittât de sa tâche en rétablissant les faits tels qu'ils s'étaient passés et en prouvant à la Cour que Boquillon, simple ivrogne, n'était pas digne d'être mis dans la classe des criminels politiques. Un plaidoyer raisonnable et modéré dans ce sens eût peut-être réduit la punition de Boquillon à un mois de prison. Mais qu'importait Boquillon ? Maître Léon voulait faire sensation, donner issue en une fois à toutes ses ardeurs républicaines, faire explosion, en un mot, comme une bouteille de bière échauffée. Dans ce but, il avait préparé son discours une semaine à l'avance, et le ciel seul sait quel désespoir l'eût accablé si Boquillon se fût avisé de mourir, de s'échapper ou de se faire pardonner avant le grand jour.

Son discours, il faut l'avouer, était magistral. Retraçant la carrière de Boquillon depuis sa jeunesse, maître Léon en faisait la victime d'un système social corrompu. « Boquillon avait vingt-six ans ; c'est dire qu'il était encore un enfant quand le prince Bonaparte fut élu président, et il était à peine un adolescent quand vint la proclamation du second Empire. Les sinistres événements de ces temps de trouble avaient assombri ses jours d'innocence. Le succès du coup d'État l'avait conduit à penser que la violence est le grand instrument de la vie et que le seul but à atteindre est le succès ; le président, violant impunément son serment de fidélité à la République, avait enseigné à Boquillon que la fausseté est licite, aussi longtemps qu'elle n'a ni scrupules, ni honte. Et quand Boquillon grandit, de quel côté pouvait-il regarder pour rencontrer des exemples de vertu? Vers le sénat? Allons donc! Tous les sénateurs n'avaient-ils pas été tour à tour légitimistes, orléanistes, républicains et impérialistes? Vers le Corps législatif? Bah! Quelle valeur donner aux opinions d'un candidat officiel? Douze mille cinq cents francs par an. Vers la cour, alors? (Ici maître Foudras eut un accès de gaieté sardonique.) Vers la cour! vers la cour! Non, Boquillon était un républicain; il savait bien quelles leçons on peut recevoir à la cour. Il n'était pas homme à dégrader son âme dans les antichambres impériales. » (Sensation. Protestations des trois juges. Maître Foudras demande ironiquement si l'on entend museler le barreau comme on a muselé la presse. Applaudissements réprimés. Affaissement des trois juges.) Maître Léon poursuit : « Où donc Boquillon pouvait-il acquérir des notions d'honnêteté? Était-ce en étudiant les budgets de MM. Fould et Magne, dont les comptes étaient remaniés chaque année pour présenter un excédant fictif? Et où pouvait-il apprendre l'économie? Était-ce en prenant des leçons de M. Haussmann ou en lisant l'histoire de l'expédition du Mexique? »

« Les fautes de Boquillon, continua maître Léon, n'ont été que l'imitation des crimes de ceux qui nous gouvernent. Si le gouvernement est honorable, le peuple est honnête, et Boquillon a été violent, voleur et faux, parce que le gouvernement impérial a été son modèle, parce que le gouvernement impérial lui-même a procédé par voie de violence, de confiscation et de tromperie. (Nouvelle sensation, protestations renouvelées. M. le président remarque que, si maître Foudras ne se modère pas, il se verra obligé de lui ôter la parole). Maître Foudras, très-ému, hausse les épaules, fait un geste de mépris et reprend : « Ainsi Boquillon fut une victime, un homme dont le cerveau a été gâté par l'influence d'un mauvais gouvernement, un citoyen dont les talents et l'énergie ont été détournés du droit chemin non par sa propre faute, mais par celle des gouvernants déjà mentionnés. Voyons ce que serait devenu Boquillon sous un autre état de choses. » Ici maître Léon quitta le ton de l'indignation et devint pathétique. Pendant une demi-heure, il fit tressaillir son auditoire en lui montrant le vertueux Boquillon florissant sous les institutions républicaines. « Enfant, il aurait eu pour rien une brillante, ennoblissante éducation. Vierge des influences d'une école littéraire dépravée, il eût fait son apprentissage de métier aux dépens de l'État ; il serait entré ainsi dans la vie, nourri, instruit, satisfait. Homme, il n'aurait eu autour de lui que des exemples bons à suivre. Mensonge, vol, motifs intéressés n'existeraient plus en France. Chaque homme serait le frère de son voisin. La fraternité et l'honnêteté deviendraient la règle universelle — comme aux États-Unis. par exemple. Sous un tel gouvernement, plus de prisons, plus de police. Après une vie vertueuse et bien employée, Boquillon aurait été récompensé par ses concitoyens en prenant place au Corps législatif, librement choisi par le suffrage universel dégagé des machinations de la tyrannie. » Tout cela émouvait l'auditoire. Des murmures d'approbation couraient sur les bancs, Boquillon gémissait. Les juges semblaient touchés. Ils condamnèrent Boquillon à un an de prison et à une amende de 50 francs; mais ils considérèrent maître Léon avec respect et le jeune avocat quitta la cour la tête haute, les yeux brillants, tandis que la foule s'écoulait pour lui faire place, puis le suivait, frémissante d'admiration, jusque dans la rue.

Un discours d'une heure, le triomphe d'une vie. Je connaissais quelque peu maître Léon avant ce jour-là, mais je ne l'avais jamais regardé que comme un Français très-amusant, très-spirituel et très-sceptique.

Je n'avais jamais pensé qu'il pût être un républicain, car je ne m'étais jamais aperçu qu'il eût des opinions politiques quelconques. Si j'avais réfléchi à la chose, je me serais dit probablement qu'il devait être libéral, puisque tous les avocats français sont libéraux, tandis que tous les magistrats français sont conservateurs ; — affaire de profession. Quand un étudiant en droit prend la robe, il choisit sa voie. S'il veut arriver aux honneurs de la magistrature, il se résigne à être le serviteur du gouvernement. Il commence par se faire nommer à une juridiction inférieure, vers vingt-trois ou vingt-quatre ans, puis il s'élève, degrés après degrés, jusqu'à la fin de sa carrière — c'est-à-dire aussi longtemps qu'il se conduit bien. Si, au contraire, il veut se faire avocat, il sait d'avance qu'il ne sera jamais autre chose, car les juges ne sont pas choisis parmi les célébrités du barreau, comme ailleurs. Un avocat n'a dès lors qu'un moyen de parvenir aux honneurs, — la politique. Quand il arrive à trente-cinq ou à quarante ans, il rêve au Corps législatif. Les chances sont grandes de réussir. Un journaliste n'a que sa plume et tout au plus quelques milliers de lecteurs. Un avocat a son audience, et ses plaidoyers, s'ils sont importants, sont reproduits dans tous les journaux ; ses lecteurs se comptent par millions.

Dans ces circonstances, un avocat qui ne se donne pas pour un fougueux radical doit être consciencieux ou stupide. Avec le suffrage universel pour fleuve, il n'a qu'à arborer la voile rouge et à aller droit devant lui. S'il a les poumons solides, s'il sait rendre les sottises plausibles, s'il promet de tout renverser, s'il prend le parti du travail contre le capital, et revendique les droits qu'ont la futaine et le coton de siéger à côté et même au-dessus du drap dans l'assemblée législative, il peut se frotter les mains d'avance et s'écrier : « A moi l'avenir! » Il sera élu sans faute et conservera son siége à la Chambre aussi longtemps qu'il saura garder le diapason voulu et qu'il ne tombera pas dans la faute capitale d'être modéré.

Lorsque je revis maître Léon Foudras, après son remarquable discours, il avait grandi d'un pied. Ce n'était plus l'ancien habitué du café Procope. Il venait d'être élu député au Corps législatif. Deux circonscriptions l'avaient élu — que le ciel soit en aide aux circonscriptions! — et, chaque fois, un libéral éprouvé avait été abandonné pour lui. En le rencontrant, je lui offris mes félicitations et lui demandai des nouvelles de Boquillon. Il avait oublié Boquillon, qui était sans doute toujours en prison; par contre, une foule d'amis de Boquillon l'assiégeaient du matin au soir, lui demandant de plaider gratis pour un « républicain ».

« L'honnêteté est-elle donc de si bas niveau parmi ces messieurs? fis-je.

— Oh! ce n'est pas leur honnêteté qui pèche, dit maître Léon, c'est la police qui les oppresse et les met dans l'embarras. Vous connaissez les agents provocateurs? Eh bien! ces misérables s'attachent à quelque innocent citoyen et s'occupent à lui « scier les côtes ». Naturellement le citoyen crie : « Vive la République! »

— Pourquoi un homme dont on *scie les côtes* se met-il à crier : « Vive la République! » interrompis-je.

—Parbleu, fit-il, je n'en sais trop rien, mais c'est leur habitude, et, le coup fait, ils viennent me demander de les défendre.

— Êtes-vous toujours assez heureux pour leur procurer un an de prison? » continuai-je.

Maître Léon me regarda un instant par-dessus

son absinthe, puis souriant avec quelque chose de son ancienne expression du café Procope :

« Au diable ! dit-il, vous êtes tous les mêmes, vous ne voulez pas me prendre au sérieux. »

XVI

LE MARÉCHAL.

Tout le monde a entendu parler de la bataille de Sacro-Tonnerro, dans laquelle sept cent dix-neuf Français (*voir* le *Moniteur* de juin 1859) défirent dix-huit mille Autrichiens, faisant quinze mille prisonniers et prenant quatre-vingt-un canons, sans parler des étendards et des voitures de munitions. Le héros de cette affaire était le général Coupechoux, lequel, quelques jours auparavant, avait sauvé Sa Majesté l'empereur, avec un corps d'armée de soixante mille hommes, et empêché la garde impériale d'être anéantie à Magenterino. Le fait est que, sans l'arrivée du général Coupechoux, à la dernière heure, la campagne se fût terminée par une catastrophe. Sa Majesté avait si bien pris ses mesures, qu'elle s'était vu bloquer avec ses troupes et que quelques heures plus tard les Autrichiens les eussent écrasées. Ce fut un terrible épisode pour Sa Majesté et un fort mauvais moment pour ses courtisans. Quant à Coupechoux, il eut le bon esprit de remarquer que l'empereur s'était sauvé lui-même plus encore qu'il n'avait sauvé l'empereur, sur quoi il fut immédiatement créé maréchal et, quelques jours après, à l'occasion du brillant engagement déjà mentionné, duc de Sacro-Tonnerro.

Tous les soldats de l'armée se réjouirent de ces honneurs, car ils croyaient en Coupechoux. Il était leur homme, on l'appelait le « père Coupechoux », parfois même « papa Coupechoux »; s'ils avaient été les maîtres, ils lui auraient fait une ovation. Mais le père Coupechoux ne l'entendait pas de cette oreille. « Tas de marouftes, » dit-il à quelques musiciens qui venaient lui faire une sérénade, « est-ce que vous n'allez pas bientôt me f... ficher la paix? Allons, décampez ! C'est l'empereur qu'il faut sérénader, pas moi. Et 'tention, nigauds, si j'en attrape un qui m'acclame dans les rangs, je vous donne ma parole qu'il apprendra de moi ce qu'il en coûte de chanter faux! » Cette allocution ne l'empêcha pas de faire tenir un billet de 500 francs aux musiciens et de se permettre les grimaces les plus singulières quand il rentra dans sa tente. L'un de ses aides de camp prétendit que c'était l'émotion, un autre voulait que ce fût l'eau-de-vie. Peut-être étaient-ce les deux choses, car le maréchal avait le cœur sensible et ne détestait pas le cognac.

Les courtisans n'aimaient pas Coupechoux et il n'était pas en très-bonne odeur auprès des ministres. Les uns le tenaient pour un rude vieux grognard, aimant à faire un affreux tapage dès que quelque chose n'allait pas à son gré. Les autres, plus méfiants ou plus fins, remarquaient que, chaque fois que Coupechoux tapageait, il réussissait à augmenter sa popularité, et ils le considéraient comme un vieux pécheur, au bras très-long, à l'esprit beaucoup plus retors qu'il ne le laissait voir. Coupechoux était un favori du public. Les femmes l'aimaient, parce qu'il manquait absolument de timidité. Les libéraux lui voulaient du bien parce qu'ils le savaient en mauvais termes avec le ministère de la guerre. Enfin le peuple l'admirait, parce que les anecdotes racontées sur son compte se terminaient toutes de la même manière : — au dire de la légende, il envoyait son homme au diable et lui donnait 20 francs pour payer le voyage.

Le 15 août 1859, quand les armées victorieuses défilèrent dans les rues de Paris, la foule criait : « Vive Coupechoux ! » Le vieux soldat avait très-grand air sur son cheval de bataille blanc, à la tête de sa division, et saluant le peuple sur son passage. De temps à autre, lorsque l'encombrement des rues arrêtait le cortége et que les couronnes et les guirlandes tombaient, toujours plus pressées, autour de lui, au milieu des cris de : « Vive Coupechoux! » « Vive le héros de la guerre d'Italie! » ses lèvres tremblaient et il pâlissait d'émotion. Quelques enthousiastes criaient : « Vive l'Empereur! » ajoutant : « C'est l'empereur, messieurs, qui est le héros de la guerre d'Italie, vive l'Empereur! messieurs, vive l'Empereur! » Mais les autres criaient toujours plus fort : « Vive Coupe-choux ! » « Vive le vainqueur de Magenterino! »

Certes, il y a loin du simple général au maréchal d'armée et duc. Un général de division reçoit 22,000 fr. de paye, tandis qu'un maréchal en a 100,000, plus un siége au sénat qui lui en rapporte 30,000 autres. Il faut ajouter à ce traitement la pension de grand-croix de la Légion d'honneur (3,000 fr.) et ce n'est pas tout encore, car aussi longtemps qu'un maréchal n'est pas désespérément vieux, il reçoit le commandement de l'une des six divisions militaires de l'Empire, — ce qui signifie maison fournie par le gouvernement, avec vaisselles, linges, ameublement, nourriture, chauffage et 25,000 fr. pour frais de représentation, — ou bien il est créé ministre de la guerre (100,000 fr.), ou encore ministre de la maison de l'Empereur (100,000 fr.); grand chancelier de la Légion d'honneur (100,000 fr.), ou gouverneur général de l'Algérie (500,000 fr.).

Le titre de duc n'ajoute rien au revenu d'un maréchal, mais il augmente considérablement son poids dans la balance sociale. En ce bon pays de France, sceptique et démocratique, il n'est rien comme un blason pour courber à 45° les échines les plus récalcitrantes. Hector et Émile sont d'accord pour vous dire sur les boulevards que les titres ne signifient plus rien; mais mettez Hector et Émile en présence d'un duc, surtout si ce duc se trouve être par-dessus le marché maréchal et grand-croix, vous verrez! Les feuilles de fraises sont bonnes à plus d'une fin. Elles font bien sur les listes du Sénat; elles font mieux encore sur les listes d'invitation à la cour; elles flattent la vanité du soldat qui aime à penser, tandis qu'il transpire sous son havresac, que rien ne l'empêche de devenir un jour l'égal des Montmorency et des Noailles; enfin elles sont une amorce qui attire les poissons du faubourg Saint-Germain du côté du faubourg Saint-Honoré. Il est vrai que les ducs et les duchesses de la rue de Lille commenceront par refuser toute espèce de rapports avec des nobles dont les titres ne remontent pas au règne de Louis XIV; mais, avec le temps, on devient plus condescendant. Quelques-uns vont même jusqu'à avancer qu'un homme qui doit son blason à son seul mérite n'est que très-peu inférieur à celui qui est redevable de son rang à Mlle de la Vallière ou à Mme de Montespan. Quand « Mme la maréchale duchesse de... » fait ses invitations à un dîner ou à un bal, elle peut compter aujourd'hui sur cinq ou six hôtes de la vieille roche, chose envisagée comme un grand succès dans les cercles impérialistes. Les ministres y voient un bon signe des temps; les courtisans sourient et disent : « Vous voyez, Sire, ils accourent en masse. » Il n'y a guère que ces esprits mal tournés de journalistes pour calculer qu'au taux actuel de la progression, le dernier des légitimistes se sera rallié à la dynastie vers l'an 3,000 après J.-C.

De sorte qu'avec son bâton, ses rubans, ses feuilles de fraises et ses duchesses, un maréchal d'armée duc peut se considérer, sous tous les rapports, comme arrivé au sommet de l'échelle. Il n'a plus qu'à se croiser les bras et à fumer son cigare en paix; la renommée et la fortune ont tout fait pour lui. C'est alors cependant que, comme pour les prêtres devenus cardinaux, les magistrats devenus juges à la cour de cassation, et les journalistes officiels devenus sénateurs, — c'est alors que le vieux soldat, prêt à chanter son *Nunc dimittis*, devient une cause d'inquiétude pour le gouvernement.

Aussi longtemps qu'un homme est général, évêque, magistrat ou journaliste officieux, le gouvernement ne le considère jamais comme très-dangereux; rien n'est perdu tant qu'on lui tient un autre appât en réserve. Mais le cas est différent pour un homme qui a reçu tout ce qu'on peut lui donner; il est singulier de voir combien ces gens-là deviennent indépendants. Les journalistes de l'opposition, qui ont coutume de flétrir la servilité du sénat, devraient avoir soin d'ajouter que la servilité est réciproque et que le gouvernement caresse le sénat, au moins autant que le sénat caresse le gouvernement. La position de Sa Majesté impériale vis-à-vis des augustes membres de son premier corps politique est à peu près celle d'un habile gardien dans une cage de singes. Le gardien donne le mot d'ordre et les singes entrent en danse avec un ensemble parfait. Mais dans la coulisse, il a un sucrier plein et il se garde bien de se prendre de querelle avec ses singes; car enfin si la fantaisie leur venait, un beau matin, de se révolter, il n'aurait plus qu'à prendre ses jambes à son cou et à s'enfuir le plus loin possible. Supposons, par exemple, qu'un jour ou l'autre le Sénat, piqué dans son amour-propre ou contrarié dans ses idées, s'avise de lutter et de voter à sa façon, que pourrait faire le gouvernement? On ne dissout pas le Sénat comme le Corps législatif; et il ne serait pas facile de transformer cette assemblée par une nouvelle création de sénateurs, car, chaque sénateur coûtant à la nation 30,000 fr. par an, ce serait chose bien risquée, même pour un Bonaparte, que de vouloir enlever une votation par des moyens aussi dispendieux. Dans un pays où règnent des institutions libres, un souverain n'a rien à craindre de son sénat, les sénateurs étant impuissants aussi longtemps qu'ils n'ont pas la Chambre basse avec eux. Mais en France, si le Sénat venait à se révolter le lundi, il aurait pour lui, le mardi, les trois quarts de la nation, et, avant la fin de la semaine, le Corps législatif suivrait l'exemple et entrerait dans le mouvement. L'Empire est comme un arbre sans racines que le poids des branches supérieures menace continuellement d'une chute soudaine.

Ceci pour expliquer comment il se fit qu'une fois la guerre d'Italie terminée notre ami le duc de Sacro-Tonnerro devint l'objet d'attentions infinies de la part de la cour et des ministres. Pour tout dire : le gouvernement avait peur de lui. Sous un régime personnel, alors que le souverain a besoin de chaque atome de popularité que le peuple veut bien lui réserver, tout individu qui réussit à se faire acclamer est considéré avec défiance, — défiance qui devient de la crainte quand les acclamations s'adressent à un chef victorieux, comme le général Coupe-choux, et que c'est l'armée qui les pousse. Tout le monde sait que le vieux général Changarnier vit aujourd'hui à l'écart. Il s'était pris de querelle avec le président, avant le coup d'État, et on l'a dès lors mis de côté, bien qu'il soit le premier stratégiste de l'armée française et qu'il ait offert son épée à l'Empereur. Changarnier est à la fois trop populaire et trop libéral pour être l'homme d'un Bonaparte. En guerre, il serait une précieuse ressource ; mais si, en temps de paix, on venait à lui demander de faire tirer sur des républicains, il serait très-capable de répondre : « Non », et les gens qui savent dire non sont toujours dangereux. Il en était de même autrefois avec Saint-Arnaud et Pélissier ; le gouvernement avait une inquiétude chronique à l'endroit de ces deux guerriers. La cour sentait qu'elle devait trop à Saint-Arnaud, et les vieilles dettes ne font pas d'ordinaire les vieux amis ; quant à Pélissier, il gênait considérablement le pouvoir, parce que la campagne de Crimée avait donné à ce rude vétéran plus de pouvoir sur l'armée qu'il n'était désirable. Ce ne fut ni pour son aptitude à la diplomatie, ni pour son savoir en l'art de gouverner que le duc de Malakoff fut envoyé d'abord en Angleterre, comme ambassadeur, puis en Algérie, comme gouverneur général.

Mais, dans le cas de Coupechoux, on demandera peut-être ce que le gouvernement pouvait avoir à craindre de lui. Coupechoux a obtenu tout ce qu'il désirait ; une révolution ne peut pas lui donner davantage. « Eh, mon Dieu, qui sait ? » sera la réponse de quelques-uns. Les Français sont gens d'impulsion, qui se laissent volontiers diriger par l'impatience et par la vanité. On ne sait pas toujours donner la raison de ce qu'on fait, ni expliquer ce qu'on ambitionne. Coupechoux est maréchal et duc. C'est vrai. Si la République s'établissait, il perdrait les trois quarts de son revenu avec tous ses titres et ne serait plus que général. C'est encore vrai. Si, au contraire, les d'Orléans remontaient sur le trône, ils ne pourraient pas faire plus pour lui que l'Empire. Toute cette argumentation est très-logique, mais ne vaut rien. Il n'y a sans doute pas grande probabilité pour que Coupechoux se mette à conspirer en faveur de M. H. Rochefort ou du comte de Paris ; mais enfin que ferait-il dans le cas d'une émeute générale ? Est-ce que, prenant le fusil, il mettrait toute son influence à défendre l'ordre de choses actuel ? ou irait-il, haussant les épaules, saluer tranquillement les vainqueurs ? Quelques braves gens objecteront que les devoirs de la reconnaissance obligent Coupechoux à verser jusqu'à la dernière goutte de son sang pour la dynastie régnante. A ceci je n'ai rien à répliquer, mais je ne puis m'empêcher de penser que, si le cas était soumis à Coupechoux lui-même, il répondrait : « De la reconnaissance !

nom d'un tonnerre! et à qui, monsieur, ai-je quelques raisons d'être reconnaissant? Qui m'a fait ce que je suis? Est-ce l'Empereur ou est-ce moi? Qui s'est engagé comme simple soldat et a conquis tous ses grades, les uns après les autres, à la pointe de l'épée? Qui a gagné les batailles de Magenterino et de Sacro-Tonnerro? Pensez-vous, monsieur, que la cour m'aurait créé maréchal si elle avait pu s'en dispenser? non, monsieur, le décret de l'Empereur n'a fait que ratifier celui qu'avait rendu la renommée, bien avant lui. Allez, si nous n'étions pas en plein XIXe siècle, on m'aurait volontiers récompensé comme Bélisaire. Je suis l'architecte de ma propre grandeur. »

« C'est moi seul qui de rien m'ai fait ce que je suis. Coupechoux n'est le débiteur de personne, il est son unique créancier. »

Possible après tout que, comme la plupart des hommes, Coupechoux ait trop bonne opinion de lui-même et trop mauvaise opinion des autres.

XVII

LE SIMPLE SOLDAT.

Il y a un an de ça, une catastrophe imprévue accabla Jean Tripou; il tira le numéro 12 à la conscription et du coup fut envoyé à l'armée. Qu'on se représente la position de Tripou, dont les goûts étaient tout pacifiques et qui détestait la couleur du sang. Il était un simple paysan, — très-simple, — son père ne savait ni lire ni écrire, et sa mère lui avait appris à croire aux revenants, aux amulettes et aux visitations du diable. Quand il tonnait, la famille Tripou pensait que le mauvais esprit, exaspéré d'avoir été mis à la porte de son premier domicile, faisait une émeute dans les nuages pour se venger. Quand il faisait de la grêle, la famille Tripou attachait une queue de brebis à un bâton et plantait le bâton en terre; — la grêle est, comme on sait, un des instruments de Satan, mais le diable a peur des queues de brebis et jamais ne s'attaque à un champ protégé par l'une d'elles. C'était un secret légué au village par le grand-père de Tripou. Le père de Tripou avait une acre de terrain que Jean Tripou cultivait. Quand il n'avait plus rien à faire à la maison, il travaillait pour les fermiers voisins, gagnant ainsi de trente-cinq à quarante sous par jour, suivant la saison; vingt-cinq en hiver et quarante pendant la moisson, sans compter les deux repas. Assez satisfait de sa vie, il n'avait qu'une crainte : la conscription.

Il avait été à l'école primaire et en savait assez pour pouvoir écrire sur les murs avec un morceau de charbon : « Not' mair est une vieil savat'. » S'il n'épelait qu'à moitié bien, c'est que l'homme n'est pas parfait. Le jeu favori de Tripou était d'aller avec quelques camarades dans un pré communal et de jouer, le soir, à saute-mouton. Pendant le jeu, le plus drôle était de prendre tout à coup un des joueurs par les jambes et de l'envoyer se raccourcir le nez sur le sol. Mais Tripou aimait encore mieux courtiser les belles. Il était amoureux de Marie Fichu, la fille du vieux Fichu qui demeure au bas du village; elle lui avait promis de l'épouser s'il gagnait un bon numéro le jour du tirage. Par malheur, le vieux Fichu avait la désagréable habitude de ne pas vouloir entendre parler d'amourettes, et lorsqu'il rencontrait Tripou : — « Écoute, mon garçon, disait-il, si je te reprends à rôder comme ça autour de Marie, j'aurai bientôt fait de te couper les oreilles. Attends que la conscription soit passée, alors nous pourrons voir. »

Cette malheureuse conscription poursuivait partout le pauvre Tripou, elle était comme une bûche attachée à ses pieds et lui rendait la vie amère. Il ne pouvait pas faire un pas sans que quelqu'un ou quelque chose vînt lui rappeler qu'il n'était pas maître de lui et que, jusqu'au jour où il aurait plongé la main dans l'urne du gouvernement, il n'avait pas le droit de faire des plans d'avenir.

Au moment où la conscription avait été votée, le jeu était beaucoup plus à la mode qu'aujourd'hui. Tout le monde jouait aux loteries publiques qu'on tirait en France quatre fois l'an, ou aux tables à jeu, non moins publiques, dont chaque ville possédait un certain nombre. Le premier venu était alors habitué à se trouver millionnaire un jour et ruiné le lendemain ; si quelques découragés se pendaient de temps à autre dans le voisinage du Palais-Royal, c'étaient de vulgaires « décavés » qui n'avaient pas la force de supporter leurs pertes présentes dans l'espérance des gains que pouvait leur réserver l'avenir. En ce temps-là, hasarder sept ou huit ans de sa vie sur un billet ne semblait guère plus étonnant que de placer la moitié de sa fortune sur une carte. C'était une sensation comme une autre, peu agréable pour qui perdait, mais qui n'avait rien de désespérant. Aujourd'hui nous avons dégénéré. Le jeu, grâce aux agences de Paris et aux compagnies d'actionnaires, n'est pas encore sorti de nos habitudes ; mais les hommes de ce temps-ci ne supportent plus leurs pertes avec cette superbe indifférence qui caractérisait leurs ancêtres. En matière de conscription surtout, il y a une tendance marquée de la part des intelligences bucoliques à considérer avec une extrême aversion la cérémonie qui consiste à mettre la main dans une boîte et à décider ainsi du sort de toute une vie ; j'ai eu l'occasion de voir que le paysan favorisé d'un mauvais numéro ne marque guère cette joyeuse confiance qui devrait, semble-t-il, résulter d'une institution si complétement populaire.

Jean Tripou, quand vint l'heure de la tribulation, hurlait affreusement et était d'autant plus pénible à entendre qu'il avait un bon nombre de compagnons hurlant avec lui. Ils étaient quelques-uns, tous de simples gars qui croyaient aux queues de brebis, réunis devant la mairie du village et là, le visage bleui, les yeux caves, claquant des dents comme s'ils se fussent démis la mâchoire inférieure, ils se laissaient aller à des velléités de rébellion.

« Quoi, gémissait l'un, on m'emmène et mon père ne peut plus labourer seul notre champ. Il ne trouvera personne pour faire l'ouvrage que je faisais. Si le gouvernement veut absolument faire la guerre aux Prussiens, qu'il y aille lui-même. » (N. B. — Pour ces esprits ruraux, le gouvernement est une machine placée à Paris, mais qu'on peut mettre en mouvement quand le besoin s'en fait sentir.)

« Oui, grommelait un autre, et pourquoi me prend-on, moi qui gagne mes cinquante sous par jour et qui pourrais m'acheter dans dix ans un morceau de terrain ; pourquoi me force-t-on à mettre des pantalons rouges et à faire au soldat pendant neuf ans ? A trente, j'en serai juste où j'en suis maintenant, et il me faudra recommencer la vie sans un sou. »

Ici Tripou commença :

« Le gouvernement pense-t-il que Marie Fichu m'attendra neuf ans, et restera fille jusqu'à mon retour ? Si j'attrape un mauvais numéro aujourd'hui, le vieux Fichu me guettera vers chez lui avec son bâton, et si j'essaye seulement de causer à sa fille, il m'assommera. — Je le connais assez. Et pendant que je fais « gauche droite » Marie deviendra la femme d'un autre et aura un tas d'enfants. — Je la connais assez. » A ce moment les sentiments de Tripou devinrent trop violents pour lui permettre de continuer, et il se remit à sangloter piteusement.

« Espèce de grand dadai ! lui cria un dragon qui était là, est-ce comme ça qu'on pleurniche ? Allons, bêta, tu tireras peut-être un bon numéro ou tu deviendras capitaine et puis général. J'ai connu un imbécile qui devint capitaine et général, mais il ne hurlait pas comme toi. Que vas-tu t'inquiéter de Marie ? Si elle ne t'attend pas, tu en trouveras assez d'autres. Les femmes, vois-tu, c'est comme les pommes de terre, ça se trouve partout. »

Il faut remarquer qu'en un jour de conscription, il y a toujours un dragon dans le voisinage, prêt à administrer des consolations spirituelles de cette nature. Il y a aussi un gendarme, qui a lu dans les journaux de la veille que le gouvernement pensait à abolir la conscription la semaine suivante, de sorte que ceux qui auront tiré les mauvais numéros ne seront pas réclamés. Cette explication ne fit pourtant pas grand effet sur Tripon, qui se rappelait l'avoir entendue déjà de la bouche du même gendarme, l'année précédente. Il continua donc à pleurer jusqu'au moment où le préfet arriva, accompagné du général de division, et fut reçu à la porte de la mairie par le maire, le conseil municipal, et dix-sept pompiers en uniforme. Tripou se frotta alors les yeux, remit son mouchoir dans sa poche et, avec le plus piteux de tous les soupirs qu'il eût jamais poussés, il alla à la rencontre de son sort.

L'opération de la conscription est parfaitement simple. Le préfet du département est assis, avec un général de division et un commissaire de police, devant une table sur laquelle un cylindre d'acajou tourne entre deux pivots. Le cylindre contient autant de billets qu'il y a de jeunes gens aptes au service militaire, c'est à dire tous ceux qui ont atteint leur vingtième année dans les douze mois. Ils sont en moyenne cent vingt dans chaque canton de la campagne. De ces cent vingt le gouvernement réclame d'ordinaire soixante pour le service, de sorte que, si tous ceux qui tirent les soixante premiers numéros sont valides, le soixante-unième peut se considérer comme sauvé. Mais ceci n'est pas le cas le plus fréquent. Sur les soixante premiers, il en est d'ordinaire une douzaine qui se font exempter pour cause d'infirmités corporelles, ou parce qu'ils sont fils uniques d'une veuve, ou encore parce que leur frère aîné est déjà dans l'armée. Un conscrit n'est donc sûr d'avoir échappé que s'il tire un numéro supérieur à quatre-vingts; c'est-à-dire que les chances contre lui sont dans la proportion de trois à deux. Il est juste d'ajouter que toute l'opération s'exécute très-loyalement et sans qu'il soit possible de faire des passe-droits. Les billets sont enroulés comme autant de petits bâtons de papier et, avant de tirer, le conscrit peut faire tourner le cylindre aussi longtemps que bon lui semble pour bien mêler les billets. D'après la loi sur l'armée, votée en 1868, ceux qui tirent un mauvais numéro ont devant eux près de neuf ans et demi de service — c'est-à-dire plus de cinq ans dans l'armée régulière et quatre ans dans la réserve. Les bons numéros ont à faire cinq ans dans la garde nationale mobile. La conscription a toujours lieu vers la fin de janvier ou au commencement de février, mais d'après la nouvelle loi, l'enrôlement ne se fait qu'en juillet. Si pourtant un conscrit désire partir immédiatement pour l'armée, il en a le droit, et il peut alors choisir son régiment, ce qui n'est pas le cas des autres.

Disons en passant que les Alsaciens sont censés faire les meilleurs soldats. Ils sont grands, forts et honnêtes. La plupart d'entre eux joignent l'armée aussitôt après le tirage et choisissent l'artillerie pour avoir plus de chance de ne pas trop s'éloigner du pays. Les Marseillais, qui sont petits et ardents, sont ordinairement incorporés parmi les zouaves. Bons soldats en temps de guerre, ils sont le fléau des garnisons où ils trouvent toujours moyen de se battre, de boire et de piller. Les Parisiens, s'ils peuvent choisir, entrent dans les hussards ou dans les lanciers, et chacun sait qu'ils sont les pires soldats de l'armée. Pour eux, tout est occasion de blague et d'étalage; ils se mettent d'ordinaire très-bien et fument élégamment la cigarette, mais ils sont paresseux et, après un reproche, boudeurs. De la guerre, ils n'aiment que la proclamation de paix.

Quoi qu'il en soit, le pauvre Jean Tripou tira le numéro 12 malgré l'amulette que sa mère lui avait mise au cou et une collection de mouches mortes que son père lui avait recommandé d'ensevelir dans sa poche de gilet. Comme chacun sait, les amulettes et les mouches mortes sont des préservatifs infaillibles contre la malechance, et si leur efficacité ne se fit pas sentir dans le cas de Tripou, c'est — comme le sut ingénieusement remarquer M. le curé, — c'est que l'exception confirme la règle.

Par malheur, la famille Tripou ne possédait pas les 2,500 francs nécessaires pour se procurer un remplaçant, et ce n° 12 était un coup du sort que rien ne pouvait réparer. Si le pauvre diable avait l'air d'un sac affaissé sur lui-même, le matin du tirage, le soir il ressemblait à un cahier de papier buvard. Il voulut essayer de revoir Marie Fichu, mais son père était sur ses gardes. Un conscrit, qui a neuf ans de service devant lui est un *triste lupus stabulis*, un animal qui ne convient pas à la bergerie. Le vieux Fichu tenait son fusil, et quoiqu'il fût à pierre, Tripou prit peur à cette vue. Au bout de la semaine, il apprit que Marie avait été vue souriant avec bienveillance à Pierre Goulot, l'aubergiste, qui était un veuf encore jeune et robuste. Cette nouvelle lui donna le dernier coup. Il empaqueta ses linges dans un grand mouchoir, dit adieu à ses parents, et sans attendre le mois de juillet, partit pour l'armée, choisissant comme régiment les cuirassiers, par amour du casque et de la cuirasse.

Trois mois plus tard, les deux lettres suivantes arrivaient au village. La première était adressée aux parents de Jean Tripou ; je corrige l'orthographe :

« Mes chers père et mère,

« J'écris ceci à Versailles, où notre régiment a ses quartiers. J'espère que vous êtes tous bien. Versailles est une ville avec un beau château dans lequel vivait Louis XIV jusqu'au jour où il fut renvoyé par l'Empereur parce qu'il était républicain. Il est à présent en Angleterre avec son fils, le duc d'Aumale, qui était aussi à l'armée. C'est notre brigadier qui m'a raconté tout ça. Il sait beaucoup de choses, notre brigadier, et il dit que le soldat français ne doit jamais avoir la bourse vide. Je dois donc vous demander vingt francs ; il m'apprendra à les dépenser. N'oubliez pas les vingt francs. Quand je suis arrivé ici, j'avais tous mes cheveux, mais on me les a coupés. J'espérais pouvoir reprendre mes cheveux pour les brûler, parce que vous m'aviez parlé du mauvais sort que peut vous jeter un ennemi en s'emparant d'une boucle et en la faisant bouillir; mais notre brigadier m'a envoyé promener d'un coup d'épaule. Il est très-fort du bras droit, notre brigadier. Après cinq jours de service, on m'a donné dix sous. J'ai dit que ce n'était pas assez puisque ça faisait seulement deux sous par jour; mais notre capitaine me demanda si je me moquais de lui. Je ne l'aime pas, notre capitaine. C'est lui qui se tient au manége où ils m'ont envoyé le premier jour que j'ai mis l'uniforme. Ils m'ont amené un cheval sans bride et sans selle et m'ont dit de monter dessus. Je leur ai répondu que je ne voulais pas. C'est égal, qu'ils m'ont dit; et deux m'empoignent et m'ajustent sur la bête. La canaille de cheval se met à trotter, et je crie : « Halte! » sans qu'il y fasse attention, jusqu'à ce que je me sois emparé de ses oreilles. Alors il m'a flanqué par terre. Le jour suivant on me dit d'aller au manége, mais je savais ce que ça voulait dire, et, au lieu de m'y rendre, j'ai été promener jusqu'à dîner. Ils m'ont donné huit jours de salle de police, une chambre noire qui n'a rien que des planches pour se coucher. N'oubliez pas les vingt francs. Ce que j'ai vu de mieux dans le métier, c'est que, tous les dix jours, ils donnent un bon pour un paquet de tabac de cantine qui pèse cent grammes et pour lequel on ne paye que trois sous. C'est l'Empereur qui a fait ça [1], et notre brigadier dit qu'il ferait bien davantage si les « rouges » ne l'en empêchaient pas. Mais les rouges nous détestent, et ce sont eux qui nous font avoir du bœuf bouilli sans sauce tous les jours ; et notre brigadier dit que, s'ils pouvaient, ils nous feraient casser des pierres et servir vingt ans au lieu de neuf. Je n'aime pas les rouges, et je voudrais leur couper les oreilles avec mon sabre. Mais il faut que je m'arrête, car le clairon sonne pour la soupe. C'est une livre de pain avec du bœuf bouilli dans un peu d'eau. Hier le mien

1. Le tabac de cantine, à trois sous le paquet, a contribué plus que tout le reste à rendre l'Empereur populaire dans l'armée. Autrefois le cavalier, avec ses deux sous par jour, et le fantassin, avec un sou, n'avaient pas le moyen de fumer.

n'était que de la graisse. N'oubliez pas les vingt francs.

« Votre fils affectionné, »

« Jean TRIPOU. »

La seconde lettre était pour Mme Goulot, autrefois Mlle Marie Fichu. Je continue à corriger l'orthographe :

« Madame (car pour moi vous n'êtes plus Mademoiselle), si vous pensez me faire de la peine en épousant Goulot, vous vous trompez, je vous assure, car je me moque pas mal de lui. Ici toutes les filles sont folles de moi. Ce n'est pas pour me vanter, mais seulement pour vous dire qu'elles ont meilleur goût que vous. Hier, une duchesse, qui passait dans sa voiture à douze chevaux, m'a fait de l'œil, et ce matin son frère, qui est maréchal de France et cousin de l'empereur, est venu m'inviter à dîner. Encore une fois ce n'est pas pour me vanter, mais pour vous montrer que j'ai de quoi me consoler. Adieu, madame; j'épouserai sans doute bientôt ma duchesse, qui m'obtiendra mon congé et me fera nommer colonel. Ainsi je ne vous garde pas rancune, mais bien au contraire je vous remercie d'avoir épousé Goulot, quoique ce soit un fier imbécile, et que si on le tenait ici on lui flanquerait quinze jours de salle de police rien que pour être si bête. — Bien le bonjour,

« Jean TRIPOU. »

XVIII

LE DRAMATURGE.

Jusqu'à quel point l'esprit politique d'un régime influe-t-il sur les écrivains du temps? C'est là une question si souvent soulevée et si souvent traitée que je me sens à peine le courage de la remettre sur le tapis. Tout Français plus ou moins teinté de libéralisme pose en axiome que, si les auteurs du second empire ne valent pas leurs prédécesseurs, il faut s'en prendre à l'absence de libres institutions. A quoi les courtisans répondent, non sans dédain, qu'il n'est pas besoin de système parlementaire pour produire un Homère ni un Virgile; que Dante vivait dans un temps où la sagesse pratique consistait à taire sa pensée; que Shakespeare florissait pendant une période de gibets et de roues; et qu'au moment où écrivaient Corneille, Racine et Molière, les citoyens qui voulaient discuter les prérogatives royales se voyaient ordinairement couper les oreilles. Ces exemples historiques ne sont pas sans aigrir quelque peu la discussion, et les libéraux finissent par déclarer, qu'au point de vue littéraire, on était plus libre du temps de Corneille et de Molière que sous le règne de Napoléon III.

« Sous Louis XIV, disent-ils, la Couronne était fermement assise et le savait bien. Jamais il ne serait venu à l'esprit de Louis XIV de se croire attaqué parce qu'un écrivain quelconque s'amusait à dépeindre un paysan vertueux à côté d'un mauvais monarque. Le roi croyait alors en sa propre popularité, et il s'estimait trop lui-même pour s'imaginer que toutes les allusions à un gouvernement défectueux, à la tyrannie, à l'extravagance et à la sottise, fussent à son adresse. Aujourd'hui nos souverains n'ont plus foi en eux-mêmes. Peut-être est-ce aussi que leur conscience s'est faite plus sensible.

Sous le règne de Napoléon III, nous avons la censure, — une machine avec des oreilles dans chaque rue et des yeux sur tout le pays. On nous dit que la censure est la sauvegarde nécessaire des institutions impériales. S'il en est vraiment ainsi, tant pis pour les institutions impériales. Car, voyez ce que produit la censure : En 1859, quand Sa Majesté partit pour la guerre, nous avions une vieille chanson appelée le *Sire de Framboisy*. Elle avait été écrite bien longtemps avant l'avénement de l'empereur et ne pouvait pas être à son adresse. Cependant, il est un verset, dans cette malheureuse chanson, racontant qu'à son retour de campagne, le sire de Framboisy ne trouve plus son épouse au logis, mais qu'il la rencontre « dans un bal de Paris » ; sur quoi il lui demande :

Corbleu ! madame, que faites-vous ici?

Et elle répond :

J'danse le cancan avec tous mes amis.
Tra la la, tra la la la la la la, tra la la, etc.

Pour ce malheureux verset, la chanson fut

interdite par la censure, et un gamin qui la siffle en rue va passer sa nuit au violon. »

Ici le courtisan interrompt en mordant sa moustache : « Voulez-vous dire, monsieur, que la légende du sire de Framboisy puisse s'appliquer d'aucune façon à...

— Non pas, reprend le libéral, seulement votre censure court risque de me le faire accroire. Le ciel me préserve de manquer de respect à une auguste dame que nous estimons tous; mais quel effet voulez-vous que la prohibition de cette chanson produise sur un ouvrier ignorant? Il associera immédiatement certain haut personnage au sire de Framboisy, et tous vos raisonnements ne l'empêcheront pas de penser que, si l'autorité se montre si susceptible à cet endroit, c'est après tout que le bât l'y blesse. Et voilà comment, dans un pays où le ridicule tue vite, la censure ridiculise celui qu'elle devrait défendre; mais ce n'est pas tout. Il est une autre chanson, de Nadaud celle-là, appelée *Les deux gendarmes.* Elle parle d'un certain gendarme, Pandore, qui fait une tournée à cheval avec son brigadier. Le brigadier est un imbécile et dit d'énormes balourdises, mais à chaque phrase Pandore répond, avec le respect qu'il doit à son supérieur : « Brigadier, vous avez raison! » Le dernier couplet, de tournure rabelaisienne, se termine grotesquement. Le public goûtait fort cette petite composition et n'avait pas l'idée d'y voir un sens caché, jusqu'au moment où la censure s'avisa de la mettre sous interdit. Tout le monde de se répéter aussitôt que le gendarme qui toujours crie : « Brigadier, vous avez raison! » ressemble fort à certains membres du Sénat ou du Corps législatif; et, ma foi, cette decouverte faite, la chanson obtint un succès infini. Aujourd'hui, elle se chante dans toutes les salles d'auberge de l'empire, pendant les soirées d'hiver, et le seul résultat de la défense officielle a été de donner pour jamais à tous les gendarmes et à tous les complaisants officieux le nom générique de Pandore. Voilà les effets d'une rigueur mal placée.

Et la *Marseillaise,* qui donc a fait de ce chant guerrier l'hymne de la sédition? Toujours la censure. — A Gibraltar, un règlement militaire défend de tirer un coup de fusil à portée du fort. Les sentinelles désapprennent ainsi le bruit d'un coup de feu, et s'éveillent à la moindre alerte. Si donc il vous arrivait de tirer un pigeon aux environs du fort, vous seriez sûr de jeter l'alarme dans toute la garnison. C'est précisément ce qui se passe avec la *Marseillaise*. On se sent frémir à l'ouïe d'un seul couplet de ce chant superbe, parce que ses accents, rarement entendus, semblent renfermer quelque chose d'étrange et d'exaltant; mais laissez chaque citoyen les vociférer à son aise, et l'effet sera celui qu'on redoute pour les sentinelles de Gibraltar : on n'y verra plus ni signification secrète, ni motif d'agitation politique. »

Par malheur, cette argumentation du libéralisme français n'a pas d'ordinaire tout le succès qu'on en pourrait attendre sur les courtisans et sur la censure de Sa Majesté l'empereur. La plupart des impérialistes sont fermement convaincus que l'empire court des dangers mortels vingt fois au moins par semaine; le dernier poëte de café chantant, qui fait partir des pétards de mauvais vers, est à leurs yeux un artilleur formidable, qu'il faut supprimer.

Je causais l'autre jour avec un dramaturge célèbre, M. Victor Cocasse. Tout le monde connaît cet auteur favori. Il est l'auteur de la *Sardine à l'huile*, qui eut trois cents représentations au Palais-Royal, et de l'*Épouse de mon voisin*, qui fut si bien reçue aux Variétés. Quand je rencontrai M. Cocasse, il venait de terminer une nouvelle pièce, faite pour éclipser toutes les précédentes; mais, l'air mélancolique et les sourcils froncés, il considérait son manuscrit orné de traits bleus et de notes marginales à l'encre rouge. Il me tendit le cahier avec un geste attristé.

« D'où viennent ces ratures ? lui demandai-je.

— Ce sont les corrections de la censure, fit-il; il y en a une centaine, je crois; voyez si vous pouvez faire quelque chose de ça; pour moi, j'y renonce. »

Pendant les quelques minutes de silence qui suivirent, M. Cocasse me regardait d'un air navré, tâchant de deviner ce que je pensais de son manuscrit.

« La censure, reprit-il bientôt, se compose d'une collection de journalistes officiels et de commis de ministères; il sont dix ou douze. Parfois c'est un journaliste qui vous examine, parfois un commis; il en faut courir la chance; — je suis tombé sur un commis, moi, un gaillard aussi puéril que méfiant. La première chose qu'il fit fut de me supprimer mon titre, un titre splendide : *Ce qu'il en coûte de se battre.* « Monsieur, me dit-il en me rendant le manuscrit, je ne peux pas laisser passer ce titre. On parle d'une guerre avec la Prusse, et il serait très-maladroit de prévenir le public contre la guerre en lui rappelant qu'elle peut coûter cher. — Monsieur, lui dis-je, les combats que je décris sont des luttes domestiques entre mari et femme; je ne sais rien des autres. — C'est possible, reprit-il, mais le titre n'en reste pas moins inadmissible. Puis voici autre chose : M. Balanchu, le mari ridicule de la pièce, est député et chevalier de la Légion d'honneur; il a fait sa fortune en jouant à la Bourse et ses antécédents sont douteux; d'autre part, le jeune homme vertueux de la comédie s'appelle Rouget, et il a été ruiné par le Crédit mobilier. Tout cela doit être changé. La moralité de la pièce serait rehaussée si vous donniez au jeune homme vertueux des antécédents douteux et si vous lui faisiez perdre sa fortune à la Bourse. Le nom de Rouget doit aussi être changé. Rouget fait partie du nom de famille de l'auteur de la *Marseillaise;* il est encore parent du mot *rouge,* ce qui pourrait faire penser au public que la vertu n'est de mise que dans le parti républicain. Quant au nom de Balanchu, je n'ai pas besoin de vous dire combien il convient peu à un député et à un chevalier de la Légion d'honneur. Le député devrait porter un nom qui inspire le respect, et il serait bon, je pense, que le Crédit mobilier eût fait sa fortune et non sa ruine; ce serait contribuer à rendre confiance à l'opinion publique, qui a été malicieusement détournée de cette belle institution par une opposition factieuse. Les autres corrections sont en marge; bonsoir. » — Naturellement, continua M. Victor Cocasse, je me sentis disposé à lui jeter mon manuscrit à la tête, mais c'eût été peine perdue. Les décrets de cet animal font loi, il ne reste plus qu'à s'incliner. »

En finissant sa complainte, le malheureux dramaturge poussa un soupir et roula une cigarette pour se consoler. Quant à moi, je tournais les pages du manuscrit, essayant de comprendre les corrections de la censure. Je dois dire que mon expérience des pièces de M. Victor Cocasse ne m'eût pas nécessairement conduit à la conclusion qu'une censure judicieuse fût chose inutile. Il y avait des passages dans la *Sardine à l'huile* qui m'avaient profondémement étonné, et des scènes entières de l'*Épouse de mon voisin* me faisaient penser que la censure avait oublié de passer par là. Quand donc je pris : *Ce qu'il en coûte de se battre*, j'espérais déjà que la censure, faisant enfin son devoir, avait préparé un petit sermon marginal reprochant à M. Cocasse son goût exagéré pour les incidents des procès scandaleux; je ne fus pas longtemps à découvrir ma méprise. Les seuls passages corrigés étaient ceux qui pouvaient prêter à quelque allusion aux autorités constituées; mais les scènes entre le vertueux jeune homme et la femme de Balanchu (renouvelées de la Genèse, chap. XXXIX); celles entre Balanchu lui-même et Mlle Julie, la soubrette, et enfin la conclusion de la pièce, dans laquelle le vertueux jeune homme, tirant sa confession écrite d'une poche d'habit, révèle à Balanchu ce que Balanchu eût probablement beaucoup préféré ne pas savoir, — toutes ces scènes, d'une morale plus que risquée, avaient été laissées intactes.

« Voyons, voyons, lui dis-je, en déposant le manuscrit, croyez-vous vraiment qu'un Balanchu donnerait sa fille au vertueux jeune homme après une révélation de cette nature?

— Que voulez-vous? répondit Cocasse, il faut bien un dénoûment; et il me considérait avec une surprise mêlée de pitié. Je crains, continua-t-il, que vous ne soyez pas complétement entré dans l'esprit de la pièce. Je suis de l'école réaliste et je fais des esquisses d'après nature.

— Parbleu, je m'en aperçois bien; mais enfin, si vous voiliez un peu la nature, vous seriez peut-être tout aussi près de la vérité, et l'effet n'en vaudrait que mieux. »

Cocasse exhala trois bouffées de fumée, et, me considérant de nouveau à travers son lorgnon, il se mit à secouer la tête :

« Je vous vois venir, dit-il, mais ça ne prend pas. Vous croyez ma pièce immorale et vous auriez voulu m'en voir composer une dans le vieux style : la vertu, abattue dans le premier acte, lutte dans le second, triomphe dans le troisième; conclusion, musique en trémolo et émotion dans les loges. Incidents parfaitement décents : jeunes gens à l'eau de rose, jeunes filles dito, Balanchu riche et paternel, Mme Balanchu sympathique et vertueuse, un vil ambitieux à l'arrière-plan, avec deux agents pour s'emparer de lui avant la chute du rideau. C'est aussi le thème que j'aurais préféré si c'eût été original et rémunérateur; mais ce n'est ni l'un ni l'autre. Le public de ce pays est fatigué de cette sorte de drame; il veut de la nouveauté et de l'émotion. Il est vrai que je pourrais lui donner de l'émotion en m'arrangeant avec un machiniste et en fabriquant un mélodrame en cinq actes, avec guillotine, bateau à vapeur et moulin à eau naturelle; mais alors j'aurais à partager les profits avec le machiniste en deux parts inégales, lui prenant la plus grosse et moi la plus petite, — ce qui ne plairait, je crois, qu'au machiniste. Il ne me reste donc que la nouveauté — nouveauté pure et simple, sans machine à vapeur. Le champ est vaste, direz-vous, mais vous oubliez la censure, qui monte la garde sur le chemin et ferme le passage à tout ce qui touche la politique, la religion ou l'économie sociale. La censure a défendu les pièces de Victor Hugo et la moitié de celles d'Alexandre Dumas père. Pourquoi? tout simplement parce qu'il y avait, ici et là dispersées, quelques pensées politiques, quelques lignes en défense de la liberté. A quoi bon, je vous le demande, écrire un drame comme *Ruy Blas* ou le *Chevalier de Maison-Rouge,* alors que Corneille lui-même, s'il vivait aujourd'hui, n'aurait jamais vu la représentation de son *Cinna*? Les fameux vers :

Le ravage des champs, le pillage des villes,
Et les proscriptions, et les guerres civiles,
Sont les degrés sanglants dont Auguste a fait choix
Pour monter sur le trône et nous donner des lois,

auraient été tenus pour séditieux, et Corneille eût passé pour un républicain. Voyez ce qui advint à Ponsard. Durant le second empire, il écrivit *Lucrèce,* de beaucoup son œuvre la plus remarquable ; mais *Lucrèce* contenait ce passage :

Enfin Rome se meurt, si par un brusque effort
Une crise ne vient l'arracher à la mort.

— Pour la régénérer et lui redonner l'âme,
De son orgueil éteint pour rallumer la flamme,
Pour qu'elle sente en soi florir sa puberté,
Il n'est qu'un seul moyen, — et c'est la liberté.

Et Lucrèce ne se joue plus. Quant à Molière, il eût été, de nos jours, tout aussi mal reçu que Corneille. La censure eût déchiqueté son *Tartuffe,* comme elle met en pièces la *Dévote* de Victorien Sardou et transforme son titre en celui de *Séraphine.* Si le *Tartuffe* se joue encore de temps à autre aux *Français* ou à l'*Odéon*, c'est parce qu'il existe depuis deux cents ans et que tout le monde le sait par cœur.

— Et votre conclusion? demandai-je.

— Ma conclusion est celle-ci, répondit Cocasse : si la scène française est plus corrompue aujourd'hui qu'elle ne l'était autrefois, la faute n'en est pas à nous, mais à notre gouvernement. La censure ne nous laisse pas le choix des sujets. Si nous attaquons l'oppression, la superstition ou l'hypocrisie, on nous arrête au nom de l'ordre et de la religion. Si nous écrivons un drame pour prouver la nécessité du divorce, on nous accuse d'immoralité. Si nous dénonçons les filouteries de certaines compagnies financières, on nous prohibe sous prétexte d'éviter une perturbation dans le monde des affaires. Le seul thème que nous soyons en droit de développer à notre guise est celui de l'adultère et de la séduction. C'est le morceau de sucre qu'on nous jette.

« Soyez aussi immoraux que vous voudrez, dit la censure, raillez la vertu, discréditez la propriété, souillez la famille, mais ne riez ni de nous, ni de nos gendarmes. » Vous en voyez la conséquence. Ceux d'entre nous qui ont du génie, comme Émile Augier, Alexandre Dumas fils ou Victorien Sardou, se font les apôtres de l'adultère et écrivent *Paul Forestier, les Idées de Mme Aubray* ou *Maison Neuve,* uniquement pour prouver que les femmes qui ont oublié le septième commandement sont presque toutes des victimes dignes de pitié et d'estime. Les étoiles de seconde grandeur, moi par exemple, se contentent de raconter les mésaventures matrimoniales de Balanchu, ce à quoi la censure n'a rien à dire, pourvu que Balanchu ne soit ni un député, ni un chevalier de la Légion d'honneur. « Ici

Cocasse jeta sa cigarette et, partant d'un éclat de rire : « Donnez le manuscrit, cria-t-il, je vais faire de Balanchu un mandarin chinois, et — la morale sera sauve. »

XIX

LE ROMANCIER.

L'art d'écrire le roman atteignit son zénith, en France, sous le règne de Louis-Philippe. Pendant la restauration des Bourbons, il avait été s'inspirer en Écosse, dans les nouvelles de sir Walter Scott. Avant 1820, les Français n'avaient guère de romancier dont ils pussent à bon droit se vanter; le public n'était pas encore prêt pour le roman. L'histoire de la littérature française a eu ses trois périodes et traverse aujourd'hui la quatrième. La première période, la poétique, commence à Villon et finit à Molière; la seconde, la philosophique, remplit le XVIIIe siècle; la troisième, la romantique, naît sous Charles X et se termine en 1848; la quatrième, la réaliste, fut inaugurée sous le second empire. Depuis le commencement du règne des Valois, quand pour la première fois les gens de bonne maison s'avisèrent d'apprendre à lire, jusqu'à la fin du XVIIe siècle, alors que s'évanouissait la splendeur de la cour de Louis XIV, les sonnets et les satires, les comédies et les tragédies étaient les genres favoris de ceux qui achetaient les livres. En matière de prose, les bibliothèques bien assorties contenaient les *Essays* de Montaigne, l'*Histoire des dames galantes* de Brantôme, les *Vies de Plutarque* traduites par Amyot, les *Chroniques* de Froissart et les œuvres de Rabelais. A part ceux-là et quelques autres, la prose française ne comptait pas d'ouvrages importants. Les érudits écrivaient leurs traités théologiques ou philosophiques en latin, de manière à leur donner une valeur universelle pour les savants. L'instruction n'avait pas encore pénétré dans les classes moyennes.

Les livres étaient fort chers, — les stupides romans de Mlle de Scudéry coûtaient six couronnes le volume, à leur première publication, — de sorte qu'il n'existait alors ni l'une ni l'autre des deux conditions qui font le romancier : — public considérable de lecteurs, — éditions à bon marché. Mlle de Scudéry se croyait favorisée parmi les auteurs quand elle avait vendu trois cents exemplaires de l'un de ses romans en deux ans ; et ses rivaux l'enviaient d'avoir reçu vingt louis de son libraire pour sa part des bénéfices. Vers le commencement du XVIIIe siècle, les choses prirent une autre tournure. Les longues querelles entre jansénistes et molinistes avaient préparé la voie à l'école philosophique. Les Français étaient rassasiés de discussions religieuses, et les œuvres du scepticisme leur faisaient l'effet d'une boisson rafraîchissante. On éprouvait, pour cette sorte de littérature, une soif dévorante et générale.

De Louis XIV, de Mme de Pompadour au plus mince marchand de la rue Saint-Denis, tout le monde lisait Voltaire, Diderot, d'Alembert, Montesquieu et Rousseau. C'est alors qu'apparaît l'Encyclopédie, et le duc de Richelieu, parlant de la guerre entre Diderot et Rousseau, trouve un bien curieux spectacle de voir tout Paris se monter la tête à l'occasion d'une paire de barbouilleurs qui vivent au quatrième étage. A ce moment déjà les classes moyennes avaient devancé l'aristocratie sous le rapport de l'instruction. Tandis que les gentilshommes perdaient leur temps et leur argent à Versailles, le *Dictionnaire philosophique*, l'*Esprit des lois* et le *Contrat social* se lisaient dans les petits salons et semaient partout la graine qui leva plus tard sous la forme du mouvement de 1789.

Une période ainsi consacrée à la pensée et à l'étude n'est guère propice aux œuvres de l'imagination pure. Aussi, pendant que Goldsmith, Smollett, Fielding et Richardson se faisaient un nom en Angleterre, n'y avait-il pas encore de romancier français digne de mémoire. Les nouvelles de Diderot, de Rousseau et de Voltaire étaient œuvres de satire ou de philosophie ; on les traitait de pamphlets et on les lisait comme tels. Cet état de choses dura jusqu'au jour où, à force de philosophie, de sophismes et de théories, chaque Français étant devenu une sorte de maniaque argumentateur, la nation se plongea dans les folies de 1793 ; puis, par une réaction inévitable, s'abandonna au despotisme de 1800. Au moment où Napoléon parvint au pouvoir, le pays était aussi fatigué des philosophes qu'il l'avait été, cent ans auparavant, des théologiens. Les extravagances des premiers discréditaient la liberté, tout comme les absurdités des seconds avaient fait mépriser la religion. La France ayant assez discuté, voulut être amusée. M. Pigault-Lebrun parut à ce moment avec une cargaison de romans de sa façon. Ils étaient tous plus obcènes les uns que les autres; mais ils amusaient l'empereur et sa cour de dragons; ils amusaient le public, que le spectacle de guerres non interrompues et l'habitude du jeu avaient suffisamment démoralisé pour lui donner le goût d'une littérature très-épicée, en guise de hors-d'œuvre intellectuel. Ce ne fut qu'après une paix de quelques années, lorsque le souvenir de Waterloo se fut un peu effacé et que les désastres de vingt ans de guerre eurent été assez réparés pour permettre au public de donner une pensée à l'éducation de l'esprit, qu'une demande de bons écrivains se produisit sur le marché français. C'était au moment même où Walter Scott donnait aux Anglais charmés et ravis la série de ses *Waverleys*. Chateaubriand avait écrit quelques romans, mais ils n'étaient pas faits pour plaire aux Français. Ils avaient quelque chose de pleureur qui fit dire à Louis XVIII que Chateaubriand avait pris le *spleen* des Anglais sans prendre leur *humour*. Les romans de Scott firent une révolution littéraire. Aussitôt après leur apparition, ils furent traduits en français et lus avec enthousiasme. Une légion complète de romanciers se leva d'un même coup pour imiter Scott et rivaliser avec lui. A l'heure où mourait ce grand maître, la légion comptait déjà des chefs comme Charles Nodier, Victor Hugo, Lamartine, Alfred de Vigny, George Sand et Balzac. Une seconde cause qui fit alors grandir l'armée des romanciers fut l'extension prise par le journalisme.

Les journaux comptaient déjà leurs lecteurs par milliers, là où ils n'en avaient que quelques centaines peu d'années auparavant, et les éditeurs s'efforçaient d'obtenir la faveur publique en se dépassant les uns les autres par le nombre et par la qualité de leurs feuilletons. Pendant un temps, le feuilleton fut considéré comme la partie la plus intéressante d'un journal français. Le bourgeois et sa femme s'occupaient beaucoup plus de l'ingénieuse nouvelle servie par dose de trois colonnes journalières, que du *Premier-Paris* ou de la palpitante rubrique des *Faits divers*. On calculait que, sous le règne de Louis-Philippe, un feuilleton signé Alexandre Dumas élevait le tirage d'un journal de 3000 exemplaires au moins. Pendant la publication des *Mystères de Paris* d'Eugène Sue, dans le *Journal des Débats*, la vente de ce journal avait plus que quadruplé. L'introduction du feuilleton produisit naturellement un nombre étonnant d'auteurs médiocres; mais, dans leur ensemble, les écrivains d'il y a vingt ans étaient certainement supérieurs, sous le rapport du talent, à ce que sont nos romanciers d'aujourd'hui. Une des raisons de ce fait se trouvera dans les lecteurs eux-mêmes. Les artisans et les manœuvres n'avaient pas encore commencé à lire ces ouvrages de fiction, que le journal à un sou leur a dès lors rendus familiers. Le lecteur du feuilleton, le bourgeois, était plus exigeant que le lecteur de la presse à vil prix. La critique n'était pas encore devenue la chose sans signification à laquelle les auteurs du second empire l'ont réduite. Gustave Planche, Cuvillier-Fleury, Saint-Marc Girardin et Sainte-Beuve étaient autant de juges littéraires d'un rare mérite, dont les opinions avaient du poids et dont la censure excitait assez de crainte pour retenir les auteurs dans les limites du bon goût, du bon style et du bon sens. Mais quand vint 1848, la littérature fut de nouveau absorbée par la politique et, une fois l'orage passé et les lettres ressuscitées, les écrivains se trouvèrent placés sous d'autres conditions, dans une autre atmosphère et vis-à-vis d'une autre classe de lecteurs.

La politique était du fruit défendu, les journalistes n'avaient plus leur liberté. Les journaux sérieux, respectables, étaient faciles à compter; la presse frivole, vouée à ce qu'on appelle, dans un certain monde, « la littérature », c'est-à-dire au scandale, à la sottise, au cancan, — celle-là avait des centaines d'organes. Le suffrage universel avait été proclamé, et les hommes du peuple — ni plus sages peut-être, ni plus intelligents que leurs pères, mais en tout cas plus fiers et d'esprit plus ouvert — commençaient à se demander le pourquoi de l'organisation sociale. Ils apprenaient à lire. Ils voulaient avoir un certain vernis d'instruction et tenaient à posséder leurs journaux aussi bien que les classes riches. Avec la liberté de la presse, on aurait pu fonder de bons journaux à bas prix, à l'exemple de l'Angleterre, pour répandre partout l'instruction et de saines idées sur les questions politiques. Mais le timbre y mit obstacle; sous un code restreignant la liberté de la presse comme celui qu'avait introduit l'empire, il était impossible de fournir un bon journal politique au-dessous de quinze ou vingt centimes le numéro. Cette circonstance suggéra à certain capitaliste l'idée de fonder le journal à un sou, sans nouvelles politiques, mais plein d'histoires de crimes et de récits scandaleux, avec un interminable feuilleton racontant encore les prouesses de bandits et d'assassins échappés du bagne. L'innovation eut du succès. Les feuilles à un sou, chargées des élucubrations de M. Ponson du Terrail ou de M. Émile Gaboriau, se vendirent à un demi-million d'exemplaires, et les journaux plus haut placés, voyant le succès de leurs rivaux, suivirent leur exemple et donnèrent, tête baissée, dans le même genre de littérature, avec cette seule différence qu'au lieu de parler de héros populaires comme Rocambole, ils s'adressaient à des sympathies plus raffinées et prenaient pour sujets d'étude les vices du grand monde : la séduction, les détournements, et surtout l'adultère. L'inévitable résultat de ce mouvement fut de diviser les romanciers français en deux classes comptant chacune un nombre presque égal d'adeptes, — les fournisseurs des hautes classes et les pourvoyeurs de la foule. Inutile de dire que ces deux catégories se méprisaient mutuellement; les uns s'appelant les éducateurs du peuple, parce qu'après avoir décrit les triomphes de leurs héros coupe-bourses pendant deux cent soixante-dix-sept chapitres ils le pendaient au deux-cent-soixante-dix-huitième; et les autres se disant « réalistes » ou « peintres de caractères » parce qu'en décrivant des scènes immorales ils avaient soin de ne rien omettre de ce qui aurait dû être supprimé.

Dire que les romans français sont plus immoraux aujourd'hui qu'ils ne l'étaient jadis, c'est ne rien dire du tout, car les écrivains français ne se sont jamais piqués de cette sorte de moralité qui est exigée en Angleterre, par exemple. Mais les auteurs du second empire sont plus cyniquement immoraux que leurs prédécesseurs. Dans les œuvres d'imagination écrites par les générations passées, on rencontre sans doute bien des chapitres qui eussent pu être négligés sans inconvénient; mais souvent, presque toujours, on verra que ces chapitres ont été écrits naïvement, sans la moindre intention de blesser le sens moral, et que leurs expressions un peu crues sont celles que toléraient les usages du jour. Il n'est pas d'excuse pareille à alléguer pour la défense des romanciers d'aujourd'hui. La pudeur et le décorum ne furent jamais si universellement prêchés et, après tout, si généralement pratiqués qu'ils le sont maintenant.

C'est pourquoi, quand mon ami, M. Louis de Rosé, applique ses facultés graphiques à décrire des incidents qui ne pourraient faire le sujet d'aucune conversation en dehors de Mabille ou du casino Cadet, il est clair qu'il sort, dans ce but, de la route tracée par l'usage, et que sa seule visée est de donner à ses œuvres cette forte odeur de patchouli qui, seule, peut assurer leur débit. Néanmoins M. Louis de Rosé, dont les livres se trouvent sur toutes les tables de tous les boudoirs de Paris, passe dans le monde pour un homme à principes, et professe des idées très-relevées sur la dignité de sa profession. Il est décoré, jouit d'une grande faveur à la Cour, est membre du comité de la Société des gens de lettres, et serait partout accepté comme arbitre dans une délicate question d'honneur. Rien ne le choquerait autant que d'entendre dire qu'il écrit ses livres dans un autre but que celui d'améliorer le genre humain. Il s'appelle modestement lui-même un esclave de l'art. C'est pour obéir à ce maître suprême qu'il produit un volume par an et lui donne un de ces titres piquants aimés du quartier Bréda.

Son dernier roman, intitulé *le Péché de Madame,* eut trois éditions pendant le premier mois. Un journaliste, évidemment emporté par la jalousie et fort en arrière des idées du temps, remarqua que c'était une chose déplorable qu'il se fût trouvé un homme pour écrire un pareil livre et un lecteur pour l'acheter. Le critique dénonçait l'œuvre comme quelque chose d'immonde et de monstrueux; mais son article ne fit que stimuler la vente, et trois éditions nouvelles disparurent avant la fin de l'année. M. Louis de Rosé se garda bien d'envoyer un cartel au critique — ces procédés-là sont bons pour le menu fretin du monde littéraire — il s'écria avec un charmant sourire que le destin de tout homme qui réussit est d'avoir ses détracteurs et que, pour sa part, il pardonnait de toute âme à ce pauvre écrivailleur. Il fut même assez généreux pour ajouter que ceux qui le maltraitaient ne le faisaient que par ignorance et parce qu'ils ne le comprenaient pas. « Ce qu'il faut considérer dans une œuvre d'art, dit-il à un ami, ce ne sont pas les détails, c'est l'ensemble. Or, pour *le Péché de Madame,* l'ensemble est résumé par le dernier chapitre du livre, dans lequel Madame, abandonnée de son amant, se repent et va chercher un refuge au couvent.

— Oui, fit l'ami, mais que dire de tous les chapitres qui précèdent le repentir de Madame ?

— Ceux-là, s'écria M. de Rosé, sont des études de caractères. Chaque page, observez-le, est une profonde analyse des différents symptômes que peut produire la passion. »

Mais l'ami, presque aussi jaloux que le critique, répondit :

« Chacun sait ce que sont ces détails, et il ne me semble pas nécessaire de pénétrer si profondément dans l'anatomie sociale. Vous ne vous contentez pas de peindre un vice, vous le disséquez.

— Oui, consentit M. de Rosé, et un jour ou l'autre, probablement après ma mort, ce sera ma gloire d'avoir pratiqué cette étude. Les âges futurs diront : « Voilà un homme qui savait peindre « son époque, » et ils me seront reconnaissants d'avoir été calomnié pour la cause de l'art. »

L'ami ne répliqua pas. Était-il convaincu ou se souvenait-il seulement qu'il avait reçu précédemment la même réponse d'un autre romancier du second empire ? C'était un auteur populaire, celui-là, un homme qui avait fait, pendant deux ans et cinq mois, les délices du vulgaire par l'histoire mouvementée des aventures d'un criminel.

« Quoi ! s'était-il écrié, vous vous plaignez de ce que je laisse échapper mon héros de toutes les prisons où le met la société ; vous dites que je le fais réussir dans tous ses plans, dépister la police, tromper la justice, et que, par ces moyens, j'excite les basses classes à la malhonnêteté ! Mais vous oubliez, mon ami, que je ne fais que peindre mon temps. Mon livre est un portrait, — un fidèle portrait des mœurs modernes et du peuple contemporain. Si les couleurs en sont heurtées, prenez-vous-en à la nature ou à la société, pas à moi, et souvenez-vous que je suis un réaliste. Je peins mes caractères comme je les trouve, à l'état de nature, et sans leur ajuster des voiles triviaux. »

L'ami s'inclina, mais, prenant son journal pour changer le cours de la conversation, il ne put s'empêcher de sourire en lisant qu'un malheureux photographe, probablement un réaliste, lui aussi, avait été condamné à six mois de prison pour avoir vendu quelques fidèles portraits des gens de notre époque, hauts en couleurs, à l'état de nature, et sans aucune espèce de voiles.

XX

LE JOURNALISTE.

Enfin arrive notre spirituel ami, le journaliste, qui n'est pas le dernier parmi les hommes du second empire, et qui, tour à tour, se raille d'eux tous. Il ne possède pas le respect des personnes. Le sénateur, le prélat, le maréchal, le député sont tous de même étoffe à ses yeux. Il les considère comme des mannequins qu'a placés devant lui la Providence pour les cribler de balles. Ami ou ennemi, réactionnaire ou libéral, peu lui importe ; ce sont gens au pouvoir et cela suffit. La mission du journaliste est de canonner, celle des hommes au pouvoir est d'être canonnés.

Quant aux écrivains qui forment la garde de corps du gouvernement et protégent les grands contre les boulets de la presse, on ne peut guère les compter parmi les journalistes. Leurs collègues francs-tireurs les répudient. Un écrivain qui défend le gouvernement, quel qu'il soit, rentre dans la catégorie du fonctionnaire, — de l'homme dont les opinions sont payées. Les amis de la presse lèvent les épaules quand on vient à citer son nom, et le public, un public intelligent, — en fait autant. Si donc je parle du journaliste français, il est bien entendu qu'il appartient à l'opposition. Qu'il soit maintenant radical, légitimiste, orléaniste, républicain modéré, il n'importe, pourvu qu'il ne soit pas bonapartiste. Que s'il se sent quelques secrètes sympathies pour la dynastie impériale, il fera bien de les réprimer jusqu'au moment où les Bonaparte seront morts ou détrônés. Alors il pourra faire leur apologie sans crainte et dire que jamais la terre ne vit souverains plus éclairés ni plus équitables; les six dixièmes du public en tomberont d'accord avec lui.

Il y a des gens qui sont toujours dans les

administrations et d'autres qui n'y sont jamais. Certains individus ont la légèreté du liége, et, quelle que soit la densité de la mer, continuent à flotter à sa surface. Un jour vous en voyez un occupant quelque poste de confiance sous les Bourbons. Les messes sont à l'ordre du jour, et il va à la messe. Mais le lendemain, sans avertissement préalable, — crac ! — le trône s'effondre, le torrent populaire l'emporte et, avec lui, autel et noblesse, droits divins et dignités héréditaires. Quel malheur pour notre pauvre ami du poste de confiance ! Toute la furie de l'ouragan doit avoir passé sur sa tête. Et vous vous attendez à trouver, le jour suivant, ses lettres datées d'Holyrood ou de Gorice. Mais non ; sitôt que le vent s'apaise, il se rassied dans le même fauteuil. Les messes ne sont plus de mode, l'opinion publique demande des négociants législateurs et une armée de gardes nationales. Ce nouveau système lui convient parfaitement; au lieu de recevoir des prêtres, il recevra des marchands de fromage retirés, qui ont été élus députés, et au lieu de songer à donner sa fille à quelque brillant marquis des gardes royales, il cherchera son fiancé parmi les opulents droguistes qui sont officiers dans la milice bourgeoise. Tout cela dure quelques années, puis un nouveau crac, un nouveau coup de vent et un nouveau torrent viennent renverser une seconde fois tout ce qui était debout. A cette heure, vous voilà sûr que tout est fini pour votre ami et pour son poste de confiance. Vous vous préparez à apprendre que tous deux sont morts, l'un défendant l'autre ; et, si vous avez du cœur, vous ne pouvez vous défendre d'un profond soupir. Cependant votre désolation n'est pas de longue durée, car, après cet orage et les quelques autres qui le suivent, votre ami reste exactement où ses protections l'avaient placé dès l'origine, de sorte que vous finissez par conclure que la Providence lui a donné une de ces natures imperméables qui défient les colères du temps.

D'autre part, il y a des gens que leur destinée jette, une fois pour toutes, dans l'opposition. Comme ces pauvres diables qui n'achètent que des habits déjà portés, ils semblent se complaire à prôner des opinions que d'autres ont décriées. Sous les Bourbons, ils sont bonapartistes ; sous la dynastie des d'Orléans, légitimistes ; sous la République, ils deviennent royalistes, et sous le second empire, républicains. Toujours populaires par leur courage, ils parlent naïvement de tout ce qu'ils ont souffert pour la cause du progrès. Chaque régime qui se succède les met en prison pendant quelques mois et, chaque fois, ils en sortent avec la conviction plus ferme que la seule forme de gouvernement compatible avec la civilisation ne peut être que celle qui vient d'être proscrite. Charmants garçons, gais, habiles et spirituels, ils passent la moitié de leur temps à pousser leurs amis au pouvoir et l'autre à les en arracher. Parfois il arrive que l'un d'eux, doué d'une mesure de talent qui touche au génie, se laisse happer par le gouvernement et porter lui-même au pouvoir. Mais bientôt on lui voit un air mélancolique. La tentation de rire de ses collègues ne lui laisse pas un instant de repos. Quand il se trouve dans son frac d'apparat, galonné d'or, avec un ruban rouge sur la poitrine, il gémit comme un gamin qui voudrait aller pétrir de la boue avec ses compagnons de jeu, et qui n'ose parce qu'il a mis ses habits du dimanche. L'existence perd tout lustre à ses yeux, et il n'est jamais si heureux que lorsque quelque fortunée sottise lui permet de retourner à son pupitre, à son boulevard, à son opposition adorée. Un de ces aimables originaux, auquel on disait qu'une révolution conduirait sûrement à la République, s'écria, très-alarmé : « Le ciel nous en préserve ! Il faudrait donc se faire ministériel? »

Il existe à Paris un délicieux journal appelé la *Feuille de chou*. Il est le plus populaire de tous ses confrères, et tire à 50,000 exemplaires, — un nombre deux fois plus fort que celui des autres journaux à trois sous. Tous ses collaborateurs appartiennent à la classe de mortels dont je viens de parler ; ils sont journalistes de l'opposition. Certes, il serait malaisé de trouver une réunion de plus gais compagnons, ayant toujours quelque drôlerie à raconter et sans cesse riant. Leurs opinions sont la seule chose qu'ils soient incapables de définir. Ils ont assez d'esprit et d'imagination pour soulever parfois une immense ville, mais toutes leurs convictions réunies ne rempliraient pas une coquille d'œuf.

Leur rédacteur est un de ces amusants génies qui surgissent une fois ou deux, durant le cours de chaque génération, pour désopiler la rate de leurs contemporains. Un jour l'idée lui vint que le système suivi jusque-là dans la rédaction d'un journal était déplorable. Il fonda donc une feuille selon son cœur, où chaque collaborateur avait le droit d'arborer le drapeau qui lui plaisait et de défendre ses idées favorites. Prenant à droite et à gauche, sur les grandes routes et dans les carrefours de la littératue, il réunit un brillant état-major d'écrivains, à force de caresses et de déboursés. Ils étaient tous de partis différents, mais la chose importait peu. Chacun avait pour tâche d'attaquer le gouvernement, et il était indifférent au chef que ce fût en encre bleue ou rouge. Il semble que, dans ces circonstances, chaque collaborateur ayant sa colonne pour y déposer ses élucubrations, les collisions dussent être fréquentes et amener des duels incessants. Erreur. Le gérant savait que ces escarmouches de deux confrères combattant d'une colonne à l'autre, dans le même journal, se trouveraient être du goût des lecteurs et feraient d'utiles diversions dans les temps calmes. Au point de vue du succès commercial, ces épisodes avaient une valeur incontestable ; quant aux combattants, ils se laissaient réconcilier sans grand'peine après coup.

J'eus la bonne fortune d'être en relation avec l'un des principaux écrivains de la *Feuille de chou*, un homme en vogue sur le boulevard et auquel la *Feuille de chou* doit la moitié de son succès. Son nom était Armand de Beaupré — c'est-à-dire qu'il s'appelait en réalité Gipou, — mais Gipou étant un nom impossible à mettre au bout d'un article, il avait adopté le nom de Beaupré, plus euphonique et de meilleur ton. Le nom fait beaucoup à la chose, beaucoup plus que Shakespeare ne le pensait. Depuis la loi de MM. Tinguy et Laboulaye qui oblige les journalistes français à signer leurs articles, les rédacteurs ont fait de la nomenclature une science, et se sont parfois élevés à des hauteurs fantastiques dans l'art d'amender les noms patronymiques. M. Arsène Houssaye, le rédacteur de l'*Artiste*, est bien connu pour ses prouesses en ce genre. Un jour Henri Murger se présente chez lui, lui demandant du travail. « Oui, dit Houssaye, je veux bien, seulement je n'aime pas le nom de Murger; il faudrait le perfectionner un peu; » et après un instant de réflexion, — « J'y suis, fit-il, voyez un peu : Mürger, avec un tréma sur l'*u;* c'est ce qui nous manquait, un cachet de nouveauté, quelque chose d'original et d'à demi étranger, comme votre style. »

Armand de Beaupré est journaliste de la tête aux pieds, et n'a pas cessé de l'être depuis vingt ans. Son père avait pensé faire de lui un fonctionnaire et l'avait recommandé à l'administration, espérant le voir, à la suite d'un long et honorable travail, sous-receveur général ou sous-préfet quelque part. C'est ainsi, d'ordinaire, que commencent les journalistes français. A dix-huit ans, le jeune Gipou était commis avec 1,800 francs par an et assez d'ouvrage à faire pour remplir une heure des six qu'il était censé donner par jour au gouvernement. Pendant les cinq autres, il écrivait des articles. 1,800 francs par an ne suffisaient pas au jeune Gipou qui en dépensait 10,000. Comme il ne voyait aucune chance d'en obtenir davantage pendant cinq ans au moins, il écrivait pour élargir un peu son budget. N'eût été ce détail, le jeune Gipou serait resté volontiers sans rien faire. Il n'avait pas un goût particulier pour la littérature ; de fait il lui était plutôt opposé qu'autre chose. La vie idéale à ses yeux eût été de se lever à onze heures pour déjeûner, et de lire des romans jusqu'à cinq, les pieds au feu. A cinq, il eût été prendre son absinthe au café jusqu'au dîner et, après dîner, il se fût accordé un fauteuil dans n'importe quel théâtre.

Quoi qu'il en soit, il advint un beau jour qu'un de ses articles fut accepté. C'était une composition sur le déluge considéré à un point de vue nouveau ; elle étonna si fort le rédacteur auquel il l'avait envoyée qu'il la fit imprimer pour voir ce qu'en dirait le public. Le public fut surpris et chercha le sens caché de cette élucubration ; sur quoi le rédacteur fit venir Gipou et lui demanda s'il avait l'habitude de considérer toute chose du même point de vue bizarre auquel il s'était placé vis-à-vis du déluge. Gipou répondit que ses vues en matière de déluge étaient celles qu'il entretenait sur la plupart des autres sujets, puis il exhiba un article sur l'art du gouvernement. Le rédacteur s'empara du document qui était encore plus bizarre que l'étude sur le déluge, et, de ce jour, le jeune Gipou, son nom transformé en Armand de Beaupré, prit rang à Paris parmi les types originaux du boulevard.

Heureux le Français que ses compatriotes considèrent comme « un original! » *Terque, quaterque beatus!* car il peut écrire ce qu'il veut, et moins ses lecteurs le comprennent, plus haut s'élève la réputation de son talent. Armand de Beaupré est obligé par traité à produire trois chroniques par semaine pour la *Feuille de chou.* Une *Chronique* est un article qui commence d'une manière quelconque et finit n'importe comment. Il débute par une jérémiade sur la chaleur caniculaire des derniers jours, passe à la question franco-belge et remarque avec douleur que les framboises sont plus chères de deux sous le pot que l'an passé. Quand Armand de Beaupré n'a pas de sujet de chronique, il raconte à ses lecteurs comment il s'amuse le soir, où il habite, quels sont ses amis, et les figures que font ses voisins quand il inaugure un bal improvisé aux premières lueurs du matin. Parfois Armand arrive au bureau du journal dans un état de fureur voisin de l'épilepsie. Il a été volé par un cocher, harcelé par son tailleur, ou mal chaussé par son cordonnier. Il s'assied, les yeux pleins de flammes, et écrit un article de trois colonnes, destiné à répandre la terreur dans l'âme du cocher, du tailleur ou du cordonnier en question. Le rédacteur fait un signe d'approbation. Peut-être eût-il personnellement préféré quelque autre sujet, mais il connaît son public et sait qu'une philippique contre un bottier ou une peinture des tribulations journalières d'un écrivain auront plus de succès qu'un article sur le calcul différentiel ou sur la commission internationale des monnaies. Il se peut que le bottier réclame et nie que les bottes fussent trop étroites. Dans ce cas, l'éditeur et le propriétaire de la *Feuille de chou* se trouvent mêlés à la querelle. La lettre du bottier est insérée (la loi française oblige un éditeur à insérer la rectification de tout individu auquel il est fait allusion dans ses colonnes) ; mais le bottier est dénoncé au mépris et à l'indignation du public, et l'affaire se termine peut-être par un duel — car, en France, les bottiers eux-mêmes se battent.

Il serait trop long d'entrer dans la récapitulation de tous les sujets que le génie fertile de M. Armand de Beaupré développe pour l'édification de ses lecteurs; mais il vaut la peine d'observer que ce joyeux et insignifiant écrivain fait partie de la classe qui, peu à peu, éloigne les Français du journalisme sérieux et ravale la presse au niveau d'une institution uniquement destinée à amuser l'humanité sans prétendre à l'instruire, ni à la perfectionner. Il est vrai que M. Armand de Beaupré appelle sa profession un sacerdoce et souvent raconte à ses lecteurs l'abandon qu'il a fait d'une noble et lucrative carrière (*lisez:* 1800 francs par an) pour se vouer tout entier à leur éducation. On y croit ou l'on n'y croit pas. Mais le fait n'en reste pas moins que les neuf dixièmes de ceux qui le tiennent pour un génie ou seulement pour un agréable et gai compagnon, acceptent, comme bonne monnaie, ses vues sur la politique, et se joignent à lui quand il se moque de l'Église ou de l'État, — ce qui est la meilleure manière de préparer les révolutions.

M. Armand de Beaupré et ses lecteurs prennent ainsi joyeusement la vie et s'en vont de compagnie, représentant assez bien la société française du temps présent. Les Français n'ont jamais eu la réputation d'être modérés et peut-être aujourd'hui la méritent-ils moins que jamais. Thackeray avait coutume de dire que les Français sont toujours ivres, et que c'est l'air de leur pays qui produit cet effet. Ce n'est pas trop exagérer : les Français sont ivres de cette spirituelle ébriété qui ne respecte ni les titres, ni les trônes. Ne croyant plus à la possibilité d'avoir un bon gouvernement, grâce à leurs incessantes déceptions, c'est à peine s'ils éprouvent un amour vrai pour la liberté. Ils aiment par-dessus tout à se railler et à jeter des pierres, comme des écoliers. Il leur est assez indifférent que le gouvernement progresse ou s'arrête. A la base de tous leurs arguments, ils semblent mettre ce syllogisme : « Les Gouvernements sont stupides, nous avons un Gouvernement, donc notre Gouvernement est stupide. »

N'essayez pas de les sortir de là, vous y perdriez votre peine. Si vous le faisiez dans un journal, on vous appellerait un « vendu » ; si vous le tentiez dans la conversation, on vous traiterait de mouchard. Le Français pur sang s'attaque à tous les régimes jusqu'à ce qu'il les ait renversés. On dit, à la vérité, que le gouvernement actuel échappera au sort de ses prédécesseurs et, par de sages concessions, saura garder sa place. — C'est possible, mais il est permis d'en douter ; il a contre lui trop d'Armand de Beaupré et trop de *Feuilles de chou*. Cependant, comme disaient les Romains d'autrefois : *Absit omen!* car, dans ce beau pays de France, le mot de révolution est synonyme de recul.

FIN.

TABLE DES CHAPITRES.

Paris. — J. Claye imprimeur, 7, rue Saint-Benoit. (1966)

20

EN VENTE A LA MÊME LIBRAIRIE

DU MÊME AUTEUR :

Les Hommes de la troisième République, ouvrage traduit de l'anglais, par HENRI TESTARD.

Première série : *A. Thiers. — Barthélemy-Saint-Hilaire. — Dufaure. — Jules Simon. — Pothuau. — Mac-Mahon. — Faidherbe — E. Picard — Grévy. — Gambetta. — Louis Blanc. — Victor Hugo. — Henri Rochefort.* — 1 vol. in-18 jésus....... 3 50

Seconde série : *Casimir Périer. — Duc de Broglie. — Duc d'Audiffret-Pasquier. — Duc d'Aumale. — Dupanloup. — Rouher. — Emile de Girardin. — Alexandre Dumas. — Edmont About. — Erckmann-Chatrian. — Victorien Sardou. — Louis Veuillot. — Père Hyacinthe. — Beulé. — Paul de Cassagnac.* — 1 vol. in-18 jésus.................................... 3 50

Les Hommes du Septennat, traduit de l'anglais, par HENRI TESTARD.

Magne. — Général de Chabaud-Latour. — Grivart. — De Fourtou. — Général de Ladmirault. — Buffet. — Duc Decazes. — De Goulard. — Caillaux. — Général de Cissey. — Edouard Hervé. — Vicomte de Cumont. — Léon Renault. — Tailhand. — De Montaignac. — 1 vol. in-18 jésus................ 3 50

Du caractère belliqueux des Français, et des causes de leurs derniers désastres, par le général JÉROME ULLOA, traduit de l'italien par ERNEST MOULLÉ. — 1 vol. in-18 jésus........... 2 »

Allemands et Français, souvenirs de campagne : Metz. — Sedan. — La Loire, par GABRIEL MONOD, 2e édition revue et augmentée. — 1 vol. in-18 jésus................................ 2 »

Les siéges héroïques, par PAUL FOUCHER, 1 vol. in-18 jésus. 3 50

I. Orléans (1428-1429). II. Beauvais (1472). III. Metz (1552). IV. Leyde (1573). V. La Rochelle (1627-1628). VI. Vienne (1683). VII. Prague (1742). VIII. Lille (1792). IX. Mayence (1793). X. Lyon (1793). XI. Gênes (1800). XII. Saragosse (1808-1809). XIII. Missolonghi (1824-1826). XIV. Venise (1848-1849). XV. Strasbourg (1870).

La diplomatie sous le second Empire, par Poujade, 3e édition. — 1 vol. in-18 jésus.................................. 2 [illegible]

Comment les peuples deviennent libres : Allemagne. — Suisse. — Pays-Bas. — Angleterre. — Etats-Unis. — France, par ANDRÉ ALBRESPY. — 1 fort vol. in-8, de 634 pages........... 7 50

Philosophie des Constitutions politiques, ouvrage posthume de LÉON BROTHIER, avec une préface et des notes de CH. LEMONNIER. — 1 vol. in-18 jésus.................................. 3 »

Histoire du Sentiment national en France pendant la guerre de Cent ans, par GEORGES GUIBAL. — 1 beau vol. in-8........ 7 50

L'État moderne et l'Eglise catholique en Allemagne, par ERNEST STROEHLIN. 1er volume : *L'Allemagne sous le régime des concordats*, 1742-1870. — 1 fort vol. in-8..................... 7 50

Histoire de la fondation des États germaniques, par MAX WIRTH, traduit de l'allemand par la baronne de CROMBRUGGHE ; traduction approuvée par l'auteur. — 2 vol. grand in-8.. 12 »

Etudes sur les mouvements populaires, et en particulier sur ceux de Paris, par VALARAY. — 1 vol. in-18 jésus............. 5 »

La jeune République, rôle et action de l'État sous l'influence des institutions républicaines, par M. A. JACOB, 2e édit., avec une nouvelle préface. — 1 vol. in-18 jésus............ 3 »

Imprimerie D. BARDIN, à Saint-Germain.

LES HOMMES

DU

SECOND EMPIRE

IMPRIMERIE D. BARDIN, A SAINT-GERMAIN.

E. C. GRENVILLE-MURRAY

LES HOMMES

DU

SECOND EMPIRE

SILHOUETTES CONTEMPORAINES

Ouvrage traduit de l'anglais, avec l'autorisation de l'auteur

PAR AUGUSTE DAPPLES

« . . . . Componitur orbis
Regis ad exemplum; nec sit inflectere sensus
Humanos edicta valent quam vita regentis. »

CLAUDIANUS.

NOUVELLE ÉDITION

PARIS

LIBRAIRIE SANDOZ ET FISCHBACHER

33, RUE DE SEINE, 33.

www.ingramcontent.com/pod-product-compliance
Ingram Content Group UK Ltd.
Pitfield, Milton Keynes, MK11 3LW, UK
UKHW012157240726
13966UKWH00002B/397